퇴직미안

초판 1쇄 인쇄일 2019년 4월 5일
초판 1쇄 발행일 2019년 4월 12일

지은이   김 석
펴낸곳   도서출판 유심
펴낸이   구정남·이헌건
마케팅   최진태

주소   서울 은평구 통일로 684 서울혁신파크 미래청 1동 303B(녹번동)
전화   02.832.9395
팩스   02.6007.1725
URL   www.bookusim.co.kr
등록   제2017-000077호(2014.7.8)

ISBN   979-11-87132-36-3 13320
값   14,000원

퇴직
미안

나는
김 석
퇴직을
미루지
않기로 했다

도서출판 유심

새로운 인생은
퇴직과 함께 온다

저자 김석은 안정된 직장에서 20년을 보냈다. 여느 직장인과 마찬가지로 일과 관계에 시달리며 월급을 꼬박꼬박 받았다. 알 수 없는 미래에 대비하기 위해 박사와 기술사를 취득했다. 그런 그가 회사에 명예퇴직을 신청했다. 도대체 왜?

이 책은 평범한 직장인이었던 저자가 왜 탄탄한 자리를 박차고 나오게 되었는지, 어떤 준비와 시행착오를 겪게 되었는지, 퇴직 후 어떤 삶을 살아가고 있는지 담담하게 말한다. 퇴직 후 몇 년 동안 그의 생활은 직장을 다닐 때와 크게 달라진 게 없어 보인다. 특히 경제적인 측면에서는 별반 차이가 없다. 그런데 그는 지금 생활에 만족하고 있다. 인생을 바라보는 시선이 달라졌기 때문이다. 그는 직장이라는 울타리에 의존하지 않고 자신의 삶을 스스로 개척하겠다는 절실한 마음으로 살아간다. 가정, 일,

나는 **퇴직**을 **미루지 않**기로 했다

여가 등 인생의 소중한 영역에 대한 조화와 균형을 지향하고 있다. 이것이 그가 퇴직을 미루지 않았던 이유다.

저자는 퇴직에 대해 세 가지를 이야기한다.

첫째, 퇴직은 시간의 주인이 되는 전환이다. 냉정하게 말하면 직장인은 시간을 팔아 월급을 받는 존재다. 저자는 말한다.

"시간의 주인으로 살아가라."

인생 2막은 자기 자신에게 주체적으로, 창조적으로 살아볼 기회를 제공해야 한다. 나 역시 그랬다. 누가 시키는 일을 더 이상 하고 싶지 않았고, 내 시간을 내 맘대로 통제하고 싶었다. 퇴직 이후의 삶은 내가 다스리는 진한 인생으로 전환해야 한다.

둘째, 퇴직을 위한 준비를 일찍 시작해야 한다. 퇴직은 누구나 한번은 만나야 할 사건이지만 준비되지 않은 채로 만나면 충격적인 사건이다. 매년 45만 명이 직장을 떠난다. 자발적 퇴직이 아닌 이상 절망과 두려움이라는 힘든 감정을 동반한다. 퇴직을 언젠가 다가올 현실적 문제로 미리 인식하지 못했기 때문이다.

정년퇴직 때까지 다닌다고 해도 직장은 정년 이후의 삶을 보장해주지 않는다. 아무도 나에게 미래를 주지 않는다. 지금 직장인에게 필요한 것은 '생존'이 아니라 '준비'라고 저자는 말한다. 직장인 대부분은 전혀 준비되지 않은 채 인생의 오후로 접어든다. 더 나쁜 것은 어리석은 일관성을 가지고 이 길에 들어선다는 점이다. 오전 프로그램에 따라 인생의 오후를 살아갈 수는 없다. 직장에 다닐 때 오후 프로그램을 철저히 준비해야 한다.

셋째, 퇴직 이후에는 포트폴리오 삶을 지향해야 한다. 인생의 전반부가 먹고 살고 자식들을 건사하기 위한 경제적 생존이었다면, 후반부는 인생에 즐거움을 더할 수 있는 문화적 각성이 따라주어야 인간적으로 성숙해진다. 퇴직 이후의 삶은 성공이라는 강박에서 벗어나 인생의 다양한 영역에 대해 균형 있는 포트폴리오를 추구해야 한다.

언젠가 떠날 수밖에 없는 이들이 퇴직을 통해 독립을 결심하는 것은 축하할 일이다. 마치 배가 안전한 항구를 떠나 먼 바다로 나아가는 것처럼 자기 존재를 다 걸고 미지의 세계로 나아가는 것이 삶에 대한 태도다. 그것이 자기혁명이다. 겁먹을 것 없다. 불완전한 인간이 스스로 자신의 길을 가기 위해 삶의 불안과 마주하는 것, 그것이 삶에 대한 예의라고 나는 믿는다.

저자는 자신의 현재를 구하려는 시도를 통해 힘든 환경 속에서 일하는 직장인을 위한 로드맵 하나를 제안할 수 있게 되었다. 이 책은 자발적 퇴직에 대한 용기를 심어줄 뿐만 아니라 퇴직 전 준비와 퇴직 후 인생 설계에 대한 따뜻한 조언으로 가득하다. 이것이 이 책이 주는 실용적 혜택이다. 이 책을 힘껏 추천한다.

터닝포인트 경영연구소 대표,
『회사를 떠나기 3년 전』 저자 **오 병 곤**

퇴직은 끝이 아닌
새로운 시작

"왜 퇴직을 하려고 해? 밖에 나가면 추울 텐데……. 그냥 버텨야지."

제가 퇴직을 하려 할 때 선배와 동료 직원들이 걱정하며 해준 말입니다.

"저에게 주어진 시간의 자유를 찾아서 나가려고 합니다. 지금의 선택을 나중에 후회할 수도 있겠지만, 선택을 하지 않으면 더 많은 후회를 할 것 같습니다."

저는 퇴직을 더이상 미루지 않기로 했습니다.

퇴직은 절망이 아니라 희망입니다. 퇴직은 잃음이 아니라 얻음입니다. 인생이라는 여정 중에 잠시 거쳐 가는 하나의 여행지일 뿐입니다. 다니던 학교를 졸업하는 것과 같습니다. '졸업은 끝'이라고 생각하지만, 다시 입학이 기다리고 있습니다. 새로운 시작입니다.

우리는 '정년퇴직', '명예퇴직', '희망퇴직' 등 이름만 다를 뿐 언젠가 한 번은 퇴직을 합니다. 영원한 직장은 없습니다. 시기는 알 수 없지만 언제든 퇴직을 할 수 있다는 마음의 준비를 하면서 직장생활을 해야 합니다.

저는 첫 번째 직장에서 20년 6개월을 근무하고 1차 퇴직을 했습니다. 주변에서는 정년퇴직이 보장된 회사에서 아직 근무기간이 남았는데 왜 퇴직을 하느냐며 붙잡고 걱정을 해주었지만 저는 과감하게 결단을 내렸습니다. 새로운 시작을 하고 싶었고, 나가야만 하는 이유가 있었기 때문입니다.

퇴직 관련 책을 쓰기 시작하면서 "왜 퇴직을 했는가?" "당신이 퇴직을 할 수 있었던 이유는 무엇인가?" "퇴직을 대비해 어떤 준비를 해야 하는가?" "퇴직은 언제 해야 하는가?" 이런 질문들을 많이 들었습니다. 가족과 마음으로 대화하면서 퇴직을 준비했던 과정과 오랜 기간 준비를 해왔음에도 퇴직을 앞두고는 정말 해야 하는지, 언제 해야 하는지 고민했던 저의 퇴직 전후 이야기를 함으로써 답을 대신하고자 합니다.

직장인들에게 퇴직은 갑자기 다가옵니다. 준비를 하고 있었더라도 불안하고 두려운 것이 퇴직입니다. 퇴직을 앞두고 했던 고민과 준비했던 것들 그리고 퇴직 후 현재의 생활상을 글로 적어 보았습니다. 퇴직을 앞두고 불안에 떨고 있는 직장인들에게 저의 생생한 퇴직 이야기를 들려주고 싶었습니다.

저는 첫 번째 직장을 다니면서 결혼을 했고 가정을 이루었습니다. 회사는 저에게 재직 중에 맡겨진 업무를 통해 정보통신 관련 기술을 배우고 익히게 했으며 정보통신기술사 자격증과 정보통신공학 박사학위를 취득하도록 동기를 부여해준 고마운 곳이었습니다. 저는 재직 중에 제가 잘하는 것과 하고 싶은 일을 찾을 수 있었고, 회사에 기여하면서 개인적인 성장과 발전을 했습니다.

무엇을 어떻게 준비해야 할지는 개인마다 상황과 여건이 다르겠지만 직장을 다니면서 퇴직을 준비하는 것은 '나를 아는 것'으로부터 출발합니다. 자신이 좋아하는 것과 잘할 수 있는 것을 알아야 합니다. 그것을 알았으면 성숙시켜야 합니다. 내가 좋아하고 잘할 수 있는 분야를 알았으면 회사 밖에서도 통할 수 있도록 능력을 키우고 개발해야 합니다. 투수마다 타자를 제압할 수 있는 자신만의 주무기가 있듯이 나만의 '필살기'를 찾아내고 갈고 닦아야 합니다. 필살기가 갖추어진 다음에 퇴직의 적기를 기다려야 합니다.

제1부 '퇴직은 두려움인가요?'에서는 회사를 떠날 시기는 내가 결정

한다는 마음가짐과 재직 중에 불필요한 것은 과감히 버리고 '나다운 것'을 찾아가는 과정 그리고 퇴직을 한 이유에 대해서 적었습니다. 제2부 '퇴직을 다시 생각하다'에서는 퇴직 결정을 할 수 있었던 세 가지 이유와 재직 중에 퇴직을 대비해 준비한 필살기 그리고 회사를 나와서 소속감을 그리워하며 익숙한 길을 가기 위해 겪었던 실패들에 대해 적었습니다. 아울러 '명함 속의 나'와 결별하고 '명함 밖의 나'를 찾아가는 과정을 적었습니다. 제3부 '퇴직 후 비로소 보이는 것들'은 퇴직 후 사회에서의 역할과 위치를 잡아가기 위한 마음의 자세와 회사를 나와서 비로소알게 된 것을 적었습니다. 이와 함께 파트타임 생활자로 살아가는 일상을 소개했습니다.

제4부 '퇴직 후 시간의 주인으로 살아가기'에서는 젊은 나이임에도 너무나 일찍 늙어가는 3050 세대들을 위해 모든 사람에게 공평하게 주어진 시간을 바라보는 새로운 시각을 소개하고, 시작하기에 늦은 나이는 없다는 점을 이야기합니다. 제5부 '퇴직이 가정의 행복을 가져오다'에서는 퇴직 후에 가정을 돌보며 일의 성공과 가정의 행복을 함께 이루기 위해 살아가는 모습과 파트타임 가정주부主夫의 일상을 소개합니다. 제6부 '퇴직은 마침표가 아니고 쉼표이다'에서는 인생은 여러 영역일, 가정, 건강, 재정, 관계, 여가에서 조화와 균형을 이루어야 한다는 것과 그렇게 되기 위해 노력하며 살아가는 저와 가족의 이야기를 들려드립니다. 또한, 인

생 전반전과 후반전 사이, 하프타임의 중요성과 가족과 함께 보내는 방법을 적었습니다.

제가 이 책을 쓰는 이유는 저의 성공담을 말하고자 하는 것은 아닙니다. 저는 성공한 사람이 아닙니다. 그저 주어진 삶을 열심히 살아왔고, 더 나은 미래를 위해 준비하고 도전하며 살아가는 평범한 사람일 뿐입니다. 오래전부터 꿈으로 간직해 온 첫 책 쓰기를 하면서 설레는 마음과 거짓된 글을 쓰지 않아야 한다는 두려운 마음으로 글을 적었습니다. 인생의 반환점을 돌면서 삶을 돌아보고 가감 없이 쓴 글들이 독자들에게 위로와 용기를 줄 수 있기를 바랄 뿐입니다.

'새가 날아오기를 바라거든 먼저 나무를 심으라'慾來鳥하면 先樹木하라'라는 말을 주변의 선배, 동료, 후배들에게 전하고 싶었습니다. 이 책을 읽은 분들이 '이 친구도 했는데, 나도 한번 도전해볼까?' 이런 다짐과 결단을 할 수 있으면 저는 대성공입니다.

이 책은 직장생활을 하면서 한 번이라도 마음으로 퇴직을 생각해본 직장인들, 5년 이내 퇴직을 해야 하는 직장인들, 이미 1차 퇴직을 하고 2차 커리어를 시작했거나 준비하고 있는 분들, 다가오는 퇴직 앞에서 불안에 떨면서도 퇴직 준비를 하지 못하고 있는 직장인들, 2차 성장을 하고 싶은 모든 직장인들과 생활인들을 생각하며 썼습니다.

인생 후반전에는 시간이 많아서 시간의 자유가 온다고 생각하지만 일과 가정, 재정, 여가, 건강 등에서 여유가 없으면 시간의 주도권을 가지고 살아가기 어렵습니다. 인생 후반전에 나에게 주어진 시간의 주도권은 전반전에 내가 보낸 시간들의 보상으로 채워집니다.

그러나 전반전에 준비를 많이 못 했다고 너무 걱정은 하지 않기 바랍니다. 오늘을 헛되이 보내지 않고 준비한다면 기회는 얼마든지 주어집니다. "끝날 때까지 끝난 게 아니다"라는 야구 격언을 생각하면서 '선물로 받은 오늘'을 소중히 여기고 생활하면 아름다운 미래가 펼쳐질 것입니다. 미래는 어느 시점부터 미래가 아니고 지금이 쌓이고 쌓여서 미래가 되는 것입니다. 지금 바로 오늘이 중요한 것입니다.

인생의 진정한 승부는 퇴직 후부터 시작됩니다. 100세 시대에는 인생 후반전에도 남은 인생을 멋지게 보내기 위한 전략이 필요합니다. 봄에 피는 꽃은 화려하지만 가을에 피는 꽃도 충분히 아름답습니다. 야구에서 선발투수가 내려오면 구원투수의 대결이 시작됩니다. 설령 지금은 경기에 지고 있더라도 '야구는 9회 말 2아웃부터'라는 말이 있듯이 역전의 기회는 분명히 있습니다.

흔들리지 않고 피는 꽃은 없다고 합니다. 세찬 바람에 흔들릴지언정 꺾이지 않는 대나무의 비결이 무엇인지 아십니까? 매듭이라고 합니다. 스스로 연약함을 알기 때문에 매듭을 지으면서 성장합니다. 퇴직은 인생의 여정 중에 일어난 큰 사건입니다. 그러나 잘 준비하고 새로운 기회로 만들 수 있다면 대나무의 매듭이 될 수 있습니다.

서 있는 곳으로부터 시작하라

버튼 브레일리

과거는 신경 쓰지 말고 서 있는 곳으로부터 시작하라.

과거는 새로운 시작에 아무런 도움이 되지 않는다.

마침내 과거를 잊었다면

그걸로 충분하다.

이는 책의 새 장의 시작이며

새로운 경주의 시작이다.

이미 지나간 날들은 뒤돌아보지 말고

서 있는 곳으로부터 시작하라.

세상은 당신의 지난날 패배에는 관심이 없다.

당신이 새로 시작해서 성공할 수만 있다면

미래가 당신에게 주어진 시간이며 시간은 흘러간다.

할 일도 많고 스트레스도 많았지만

과거의 걱정과 절망은 잊어버려라.

지금 당신에게는 새로운 과제가 주어져 있으며

미래는 용기 내어 행동하는 자의 것이다.

서 있는 곳으로부터 시작하라.

지난날의 실패나 영광은 돌이킬 수 없다.

중요한 건 오늘이며 내일도 곧 올 것이다.

전투에 뛰어들어 당당히 맞서라.

그리고 과거는 역사 속에 묻어두어라.

이미 일어난 일, 과거는 죽었다.

그 과거로 인해 축복받지도, 저지당하지도 않을 것이다.

용기를 가지고 앞으로 나아가라.

서 있는 곳으로부터 시작하라.

목차

제1부
퇴직은 두려움인가요?

목차

제6부

퇴직은 마침표가 아니고 쉼표이다

제1부

퇴직은
두려움인가요?

떠나는 시기는
내가 결정할 거야

퇴직이라는 단어는 직장인이라면 누구나 마음속에 한번은 품어보지만 쉽게 밖으로 꺼낼 수 없는 단어입니다. 그럼에도 언젠가는 필연적으로 퇴직을 하게 됩니다. 현재 다니는 직장에서 물러난다는 의미입니다.

우리나라 직장인들은 다니고 있는 회사의 명함을 자신의 정체성과 동일시합니다. 그래서 중간에 퇴직하는 것은 인생의 낙오자이며 재기 불능의 나락까지 떨어지는 것으로 간주합니다. 그러나 다른 시각으로 바라보면 퇴직은 상실과 절망이 아닌 희망과 새로운 삶의 기회를 찾는 시기가 될 수 있습니다.

퇴직한 선배들의 이야기를 들어보면 퇴직을 바라보는 시각은 크게 두 가지 유형으로 나뉩니다. "정년퇴직은 절대 하지 마라. 1차 퇴직은 빠를수록 좋다"며 적극적으로 퇴직을 권하는 유형과 "회사 밖에 나오면 추우니 회사에서 그만두라 할 때까지 꼭 붙어서 버텨라"라며 퇴직을 말리는 유형이 있습니다. 전자는 퇴직 후 자신이 하고 싶었던 일을 하거나 재취업을 해서 의미 있는 두 번째 인생을 살아가는 선배들입니다. 후자는 회사를 다니는 동안 퇴직에 대한 준비 없이 "몇 달 쉬면서 앞날을 구상해야지" 했던 선배들입니다. 이분들은 그동안 다녔던 회사의 지위와 급여 그리고 회사에서 받던 복지를 생각하며 쉽사리 재취업도 하지 못합니다.

1993년 처음 입사했을 때, 대부분의 직장 선배들은 정년이 될 때까지 회사를 다녔습니다. 그리고 정년퇴임식에 가족들을 초청해 행사를 진행했습니다. 후배들도 진심을 담아 선배들의 퇴임을 축하해주었습니다. 하지만 IMF의 터널을 지나면서 그렇게 당연시되던 정년퇴직은 점점 사라지고, 경영상의 어려움을 겪게 된 회사들은 명예퇴직을 권고하게 되었습니다.

저는 직장생활을 하는 동안 결혼을 했고, 아이들이 태어나고, 집을 사고 안정된 생활을 했습니다. 회사는 고마운 곳이었고, 가족의 미래까지 책임을 져 줄 거라는 믿음을 가졌습니다. 그러나 명예퇴직을 권고받고 퇴직하는 선배들을 보면서 회사는 언젠가는 그만두어야 하는 곳이고, 직원들의 미래까지 보장해주지 못한다는 사실을 알게 되었습니다.

떠날 때를 본인들이 자발적으로 결정하는 것이 아니라 회사가 결정해주는 모습을 보면서 저는 '회사를 떠나는 시기는 내가 결정하겠다'고 마음을 굳게 먹었습니다.

제가 다니던 회사는 20년 근속을 하면 명예퇴직을 신청할 수 있었고, 퇴직금에 추가해 명예퇴직금을 주었습니다. 그래서 1차 목표는 20년까지 근무를 하는 것이었고, 그 이후에 특별 명예퇴직 공고가 나면 상황을 고려해 퇴직을 하자는 전략을 세웠습니다. 대부분의 직장인들은 막연하게 퇴직을 생각하며 근무를 하지만 '20년'이라는 목표를 세우고 나니 준비해야 할 것이 많았습니다.

회사가 주는 명함에 적힌 부서의 일원이 아니라 세상에 던져질 '나'라는 개인으로 홀로 서야 했습니다. 내가 잘하는 것이 무엇인가? 내가 좋아하는 것은 무엇인가? 10년 후 나와 가족을 지켜줄 수 있는 것은 무엇인가? 회사에서도 사용할 수 있고 회사를 나가서도 유용하게 쓸 수 있는 것을 준비하고자 했습니다.

동료들은 빠르게 승진할 수 있는 부서로 이동을 하기도 했고 잘나가는 상사에 줄을 서기도 했습니다. 그러나 저는 제가 잘할 수 있는 길을 선택했습니다. 회사 안과 밖에서 통할 수 있는 자격증을 공부하는 것이었습니다. 정보통신회사에서 근무하고 있었지만 학부의 전공은 업무와 달랐기에 통신에 관한 전반적인 공부를 하고 싶었습니다. 입사시험에 합격하고 발령을 기다리는 동안 취득한 정보통신기사 자격증이 있었기에 다음 단계인 정보통신기술사를 공부하기 시작했습니다.

회사를 다니면서 하는 공부는 쉽지 않았습니다. 처음은 독학으로 했는데 계획한 대로 진도가 나가지 않았습니다. 서울에 있는 학원에 등록을 했고 일주일에 한 번 주말마다 광주에서 서울로 올라와 강의를 들었습니다. 이 방법도 어려웠습니다. 하루 8시간 이상 강의를 들으면 주중에 복습을 해야 하는데, 따라가기가 쉽지 않았습니다.

그렇게 덧없이 3~4년의 시간이 흘러가고 있을 때 온라인으로 수업하는 강좌를 만났고, 장거리 이동 시간을 절약하며 강의를 반복 수강하면서 개념을 잡아가기 시작했습니다.

정보통신기술사는 1년에 두 번 시험을 봅니다. 한번 떨어지면 6개월을 기다려야 하는 시험입니다. 6개월을 준비해서 시험에 도전했다가 실패하면, 다시 마음을 가다듬고 시작하기가 어렵습니다. 그 과정이 어려워서 많은 사람들이 중도에 포기를 합니다. 가족의 지지가 있어야 함은 물론입니다. 저는 네 번 낙방하고 다섯 번째에 합격했습니다.

자격증을 취득한 뒤에는 제가 공부했던 서울 소재 학원에서 주말반 강좌에 강사로 섰습니다. 첫 강의 시간에 수강생들에게 합격 수기와 수험 방법을 이야기할 때의 가슴 벅찬 기분을 아직도 잊을 수 없습니다.

학부에서는 무기재료공학을 전공했습니다. 기술사 자격증을 따고 나니 통신에 관한 더욱 깊은 공부가 하고 싶어졌습니다. 30대 후반에 정보통신공학 대학원에 진학했고, 7년이 걸려 석사·박사 학위를 취득했습니다. 이제 회사를 나가서 혼자서도 싸울 수 있는 두 개의 무기를 가지게 되었습니다.

2014년은 제 인생의 큰 전환점이 되었습니다. 그해 4월 초 회사는 노사 상생의 방법이라며 특별 명예퇴직 시행을 발표했습니다. 너무 갑작스러운 일이었지만, 저는 당황하지 않고 때가 왔음을 직감했습니다. 대규모 인원이 대상이었고 많은 직원들이 신청을 할 것이라는 소문이 파다했습니다. 2주의 시간이 주어졌고, 직원들의 고민이 시작되었습니다.

저도 공고문을 가지고 집으로 와서 아내와 상의했습니다. 아내는 "이때 신청하려고 지금까지 기술사, 박사를 따고 경쟁력을 높이며 준비하지 않았나요?" 하며 어떤 결정을 하든 저를 믿고 따르겠다고 했습니다. 아내는 저보다 선택의 상황에서 강했고 흔들리지 않았습니다.

지금까지 회사라는 갑옷을 입고 생활했는데, 막상 회사를 나가려고 마음을 먹으니 맨몸으로 전쟁에 나가는 기분이랄까? 두렵고 회사를 나가서 제대로 할 수 있을까 하는 걱정이 많아졌습니다. 그러나 60세가 되어 정년퇴직을 해도 그 걱정은 줄어들지 않을 것이라 생각했습니다. 어차피 한 번은 해야 할 걱정이라면 한 살이라도 젊을 때 하기로 했습니다.

가족과 주위의 시선이 신경 쓰이기도 했습니다. 더 고민이 많아졌습니다. 회사 분위기도 어수선했습니다. 사무실 안에서는 말은 안 하고 있었지만, 삼삼오오 명예퇴직에 대한 이야기를 나누고 있었습니다. 내적으로, 외적으로 갈등이 심했을 것입니다. 저는 더이상 퇴직을 미루지 않기로 했습니다. 회사에서는 당신은 아직 퇴직할 때가 아니라고 만류했지만 접수 신청 마감날, 난생처음(?)으로 사직서를 쓰고 퇴직을 했습니다.

은퇴를 앞두고 국민타자 이승엽 선수가 했던 고민과 갈등을 신문에서 보았습니다. 퇴직을 앞두고 제가 했던 생각과 같아서 여기에 옮겨 적어 봅니다. 저의 결정에 대한 지지와 응원의 메시지가 되어주었던 이승엽 선수의 이야기입니다.

2017년 시즌을 끝으로 은퇴를 선언한 이승엽 선수는 "시작이 있으면 끝도 있다. 지금껏 선배들의 은퇴 과정을 보면서 매끄럽지 못한 모습도 종종 봤다. 선수와 구단의 줄다리기가 이어지고 결말은 대부분 먹먹한 새드엔딩이다. 선수 생활의 시작과 끝 모두 내가 선택해야 할 부분이다. 떠날 시점을 정해놓고 뛰면 매 경기가 더욱 소중하게 느껴질 것 같았다. 누군가에게 등 떠밀려 그만두게 된다면 정말 비참할 것 같았다. 오랫동안 나는 박수 칠 때 떠나려고, 아름다운 유종의 미를 거두려고 남몰래 생각해왔다"고 말했다.

이승엽 선수는 주변의 만류가 거셌지만 그 약속을 지켰습니다. 2017시즌이 끝난 뒤 미련 없이 그라운드를 떠났습니다. 그러자 KBO리그의 모든 구단은 은퇴 투어를 열어주며 레전드의 퇴장에 아낌없는 박수를 보냈습니다. 마지막 시즌에도 초라하지 않은 뒷모습으로 팬들과 작별할 수 있었습니다.

이전에 회사의 결정에 의해 회사를 떠나야만 했던 선배들을 보면서 '나는 떠날 시기를 내가 결정하고, 언젠가 나에게도 올 그때를 위해 치열하게 준비할 거야'라고 외쳤던 지난날의 다짐을 기억했습니다. 100세 인생을 살아가려면 여러 번의 새로운 일을 시작하게 될 것이고, 두 번째, 세 번째 일터에서 퇴직을 경험할 수 있기에 저는 첫 번째 직장에서의 퇴직을 '1차 퇴직'으로 이름을 붙였습니다. 실망이나 절망적인 상황이 아니라 그저 첫 번째 직장에서 나온 것일 뿐이라고 생각하기로 했습니다.

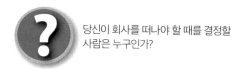

당신이 회사를 떠나야 할 때를 결정할 사람은 누구인가?

'내가 아닌 것'을
하지 않기로 했다

"직장생활의 꽃은 승진이야. 회사에 발을 들여놓았으니 임원 승진이라는 목
표를 가지고 정진해봐. 그리고 누가 간섭하지 못하도록 자신의 업무에 대해
최고가 되어야 해."

직장생활 중 선배들에게 가장 많이 들었던 조언입니다. 초반에는 '그
래 나도 그렇게 해보자'라며 결연한 의지를 다졌습니다. 그러나 저의 노력
만으로 능력을 인정받을 수 있는 게 아니었습니다. 업무 능력만으로 인사
고과를 잘 받는 것도 아니었습니다. 회사일은 제가 바라는 대로 되지 않
았습니다. 선배들의 말은 얼핏 들으면 맞는 것 같았지만 틀릴 수도 있는
이야기였습니다.

먼저 직장생활의 목표를 진급이나 승진에만 둘 수는 없습니다. 직장
생활을 하면서 배움이나 성장, 보람, 사회공헌, 미래 준비 등 더 많은 목
표들과 함께 이루고자 하는 일들이 있었기 때문입니다. 또한 자기 업무에

서 최고가 되면 다른 분야에 대해서는 배울 기회를 놓칠 수도 있습니다.

회사의 기술 부서에서 근무했던 K 선배는 1980년대 초반에 입사해 외국에서 도입한 전자교환기 교육을 처음으로 받았고, 그 분야에서 최고의 기술자로 인정받았습니다. 그 선배가 아니면 복잡한 교환기의 일상적인 운용은 물론 고장이 났을 때 고칠 수가 없었습니다. 하지만 시간이 지나면서 첨단의 새로운 운용장비들이 도입되었습니다. K 선배도 새로운 장비에 관해 배우고 싶었지만 그럴 기회가 주어지지 않았고, 퇴직할 때까지 기존에 운용하던 전자교환기 곁을 떠날 수가 없었습니다. 결국 K 선배는 근무하는 동안 전자교환기의 1인자 자리를 굳건히 지켰지만 퇴직 후에는 전자교환기 운용이라는 단순 경력으로 인해서 새로운 직장과 일을 찾는 데 어려움을 겪고 있습니다.

먼저 승진한 선배들은 이렇게 말하곤 했습니다. "승진을 하려면 손을 들고 적극적으로 본인의 의지를 표현해라." 그러면 회사는 그 사람에게 성과를 낼 수 있는 업무를 맡길 것이고, 남들이 꺼리는 일을 해야 인사고과를 잘 받을 수 있다는 것이었습니다.

회사에서 성공하려면 회사가 제시한 성공 규칙에 암묵적으로 동의하고 조직의 룰을 잘 따라야만 했습니다. 그러면 지금까지 과소 평가받던 능력을 십분 발휘할 수 있는 기회를 잡을 수 있을 것입니다. 하지만 세상에 공짜는 없습니다. 그렇게 승진을 하려면 여러 가지 희생이 필요합니다.

먼저 나의 시간을 온전히 회사에 바쳐야 합니다. 승진을 위한 회사의 로드맵에 동의하고 순응해야 합니다. 그러자면 퇴근 후나 주말에도 가족과 자신에게 써야 할 시간과 열정을 온전히 회사가 원하는 일에 투자해야 합니다. 성과가 나는 일에 충성스럽게 매달리며 다른 조직, 다른 팀과 차별화되는 실적을 위해서 고군분투해야 합니다.

이 삶의 방식에 대한 생각을 달리하게 되었습니다. 나에게 주어진 모든 시간을 회사를 위해서 썼을 때, 회사가 나에게 무엇을 해줄 수 있을까 고민했습니다. 물론 선배들이 말한 대로 직장생활의 꽃인 승진은 할 수 있겠지요. 직위가 오르고 연봉도 오르겠지만, 그 다음은 무엇일까? 회사를 떠난 후의 미래까지 책임을 져주지 못할 거라 생각했습니다.

직위와 연봉 상승을 대가로 더 많은 시간과 역할을 감당하다 보면 삶의 보람과 가정의 행복은 더 멀어질 것이라 생각했습니다. 승진하며 올라가는 자리는 피라미드 모양으로 점점 숫자가 줄어듭니다. 그렇기에 승진을 하고 싶다고 다 할 수 있는 것도 아닙니다. 그만큼 직장 동료들과 숨 막히는 경쟁을 해야 합니다. 저는 동료와 피 말리는 경쟁을 하고 싶지 않았습니다.

결국 저는 회사가 제시하는 승진 로드맵을 따르지 않기로 했습니다. 2~3년 동안 업무를 수행하면 승진의 기회가 주어지는 기관의 경영지원 업무를 1년 반 만에 그만두고 일반 업무로 전환했습니다. 그리고 회사 업무에 80%만을 투자하고 자기 계발과 가정에 20%를 투자하며 '미래의 사과나무'를 기르기 시작했습니다.

물론 회사 업무도 소홀히 하지 않았습니다. 회사일을 충실히 하다 보면 회사 밖의 일반인들보다 교육의 기회를 더 많이 얻을 수 있어서 배움과 성장을 할 수 있습니다. 컴퓨터를 활용한 업무 능력을 키우는 것은 덤이라 할 수 있습니다. 덕분에 업무에 충실하면서도 저를 발전시키는 시간을 가질 수 있었습니다. 퇴근 후와 주말에는 가족과 함께했습니다. 이로써 한창 성장기에 있었던 아이들이 부모를 필요로 할 때 함께하는 기쁨을 누렸습니다.

그때 만일 제가 회사의 승진 로드맵에 따르고 승진을 했더라면 지금과 다른 삶을 살고 있을 것이라 생각됩니다. 운이 좋아 승진을 해 더 높은 직급에서 근무를 하고 있을지도 모릅니다. 그러나 후회는 하지 않습니다. 왜냐하면 회사가 제시하는 승진의 길은 자유로운 시간의 포기와 직장 스트레스라는 대가를 지불해야 하는 역경의 길이라는 것을 잘 알고 있기 때문입니다.

승진을 하지 않기로 결심한 또 다른 이유는, 회사 조직의 관리자 역할은 제가 잘할 수 있는 일이 아니기 때문입니다. C 선배는 일반 직원일 때는 자기의 능력을 발휘하며 근무를 잘했지만 관리자로 승진한 후에는 성과를 내지 못했습니다. 직원들에게 존경도 받지 못했고, 소통도 제대로 못한 채 불협화음만 냈습니다.

미국의 교육학자 로렌스 피터는 『피터의 법칙』에서 "조직의 모든 직원은 자신의 무능력 수준에 도달할 때까지 승진하려는 경향이 있다"라고 했습니다. 이 법칙에 따르면 조직에서 마지막 승진 자리는 무능한 사람들로 채워질 수도 있겠다는 생각을 하게 되었습니다.

관리자의 역할은 성과를 내기 위해 직원들을 독려하고 채근하며 다른 방향으로 가는 직원들을 같은 방향으로 움직이게 하는 것입니다. 그런 역할은 제가 잘할 수 있는 것도 아니었고, 맞는 일도 아니었습니다.

"너 자신을 알라." 아폴로 신전에 새겨진 그리스 명언입니다. 자기 자신을 알려면 먼저 '자신이 아닌 것'이 무엇인지를 알아야 한다고 합니다. 저는 회사가 원하는 강인한 관리자가 아니었습니다. 그런 성향을 가지고 있지 않음을 잘 알고 있었고, 제가 갈 수 있는 길이 아니라고 생각했습니다. 그 기회의 자리에서 한번 내려오면 다시는 승진의 길로 돌아갈 수 없다는 것을 알고 있었지만, 기꺼이 다른 길을 선택했습니다.

갈등의 시간은 있었지만 그렇게 결정을 하고 나니 홀가분했고, 승진을 포기한 보상으로 내가 얻을 수 있는 것이 참으로 많다는 것에 놀랐습니다. 아무리 가지고 싶은 물건이 있더라도 손에 쥐고 있는 것을 놓아야 다른 것을 잡을 수 있는 법입니다.

우리는 일상적으로 어느 회사를 다닌다고 하면 "직급이 어떻게 되니? 연봉은 얼마나 받아?" 이렇게 물어봅니다. 직장인들을 판단하는 기준이 되는 질문입니다. 우리는 남을 의식하며 살아갑니다. 어찌 보면 남에게 인정받기 위해 살아간다고 해도 과언이 아닐 것입니다. 하지만 그렇게 인정을 받는다 하더라도 그 길이 '내가 아닌 것을 해야 하는 길'이라면 행복할까요?

앞으로는 이렇게 질문을 바꾸어보면 좋겠습니다.

"그 회사에서 무슨 일을 하니? 그 일을 할 때 즐겁니? 그 일을 하면서 보람을 느껴?"

그러면 직위와 연봉을 추구하는 것보다 즐겁고 의미와 보람이 있는 일을 하는 것이 더 가치가 있음을 알게 될 것입니다.

그렇다면 '나다운 것'은 어떤 길일까요? 자신의 이름을 가지고 좋아하고 잘할 수 있는 일을 하는 것이라 생각합니다. 그 일이 다른 사람들에게 도움을 주면서 의미 있고 보람 있는 일이라면 더 좋겠습니다.

　또한 저는 스스로 만족을 느끼는 일을 의미 있게 생각하는 사람이라는 것을 알게 되었습니다. 회사나 조직이 주는 직위나 다른 사람들의 인정보다는 제가 스스로에게 주는 인정을 중요시한다는 것입니다. 대부분의 사람들이 바라는 '무엇'이 되는 것보다 '어떻게' 살아가는가 하는 과정을 더 중요하게 여기는 것입니다.

　회사 생활의 후반기를 그와 같은 생각을 가지고 근무했습니다. 지금은 '정년퇴직이 보장된' 회사에서 스스로 명예퇴직한 후 '자발적인 파트타임 생활자'가 되었습니다. 연봉은 줄었지만 '보람 있는 일, 내가 잘할 수 있는 일, 시간적으로 나와 가족을 돌보면서 할 수 있는 일' 등으로 나누어진 시간들을 채우며 살아가고 있습니다.

　'내가 아닌 것'을 하지 않음으로써 '나다운 일'을 하며 살아가는 인생으로 방향을 바꾸는 기회를 얻은 것입니다.

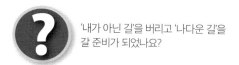

'내가 아닌 길'을 버리고 '나다운 길'을
갈 준비가 되었나요?

언제 회사를
떠나야 하는가?

　대학을 졸업하고 첫 직장이었던 회사는 명예퇴직 조건이 20년 근속이었습니다. 그래서 선배들이 20년 근속을 앞두고 명예퇴직을 고민하는 모습을 부러운 시선으로 바라보곤 했습니다. 명예퇴직금을 받고 나가 새로운 일을 시작하거나 그 명예퇴직 조건을 갖고 계속 회사에 다녀도 되었으니까요. 저는 그런 때가 오면 쉽게 결정하겠노라고 마음먹고 자기계발을 하며 그 시기를 기다렸습니다.

　그러나 막상 명예퇴직 공고가 나왔을 때는 갈등하며 최종 결정이 쉽지 않았습니다. 선택을 해야 하는 힘든 시간을 보냈지만, 마침내 40대 후반에 회사 밖으로 나왔고 지금은 '파트타임 생활자'로 살아가고 있습니다.

　퇴직을 한 후에 퇴직 관련 글을 쓰고 있다고 하니 주위 분들은 '언제 회사를 떠나야 하는가?' '그때를 어떻게 알 수 있는가?'를 가장 궁금해했습니다. 저 역시 그 시기를 결정하는 것은 어려운 문제였습니다. 그래서 제가 회사 생활을 하면서 퇴사를 준비했던 지난 시간을 되돌아보았습니다.

언제 회사를 떠나야 하는가? 이 물음의 해답은 여러 가지가 있을 수 있습니다. 저는 '정년퇴직까지는 가고 싶지 않았다'에서 첫 번째 실마리를 찾고 싶습니다. 정년까지 근무하는 직장인들 가운데는 조직에서 필요한 성과를 내며 근무하는 분도 있지만 대부분 업무적으로나 사회적으로 경쟁력이 떨어지고 무기력하게 정년을 맞이하게 됩니다. 중간에 주유를 하지 않고 얼마 남지 않은 기름을 다 소비하면서 목적지에 도착하는 자동차처럼 마지막까지 남은 힘을 다 소진하고 정년을 맞이한다는 느낌이 듭니다.

그러나 100세 시대에는 정년퇴직 후에도 살아가야 할 다음 인생이 남아 있음을 간과하면 안 됩니다. 더 뛰어야 하는 후반전이 있기에 체력도 비축해야 하고 후반전에 필요한 전략과 전술도 전반전을 뛰면서 준비해야 합니다.

찰스 핸디가 『포트폴리오 인생』에서 말한 시그모이드S자 모양 곡선은 본래 기업의 성쇠를 설명하는 것이지만 우리 인생에도 똑같이 적용됩니다. 하향 곡선을 그리기 전에 고민을 시작하면 첫 번째 곡선이 정점에 오르기 전에 두 번째 곡선이 시작될 것입니다. 찰스 핸디에 따르면 A지점은 일이 잘 돌아가는 상승기이고 모든 것이 마냥 좋아 보이는 시기입니다. 저 역

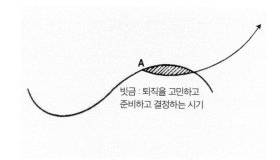

A

빗금 : 퇴직을 고민하고
준비하고 결정하는 시기

시 스스로 최고라고 생각될 때, 저의 경쟁력이 충분하다고 생각될 때인 A지점에서 새로운 곡선을 그리고 싶었습니다. 빗금 친 부분은 퇴직을 고민하고 준비하고 결정하는 시기입니다.

두 번째로 회사 생활은 여러 분야의 주어진 업무에서 보람과 의미를 찾으며 일을 하게 됩니다. 그러나 어느 시점부터 내가 하는 일에서 의미와 흥미가 떨어지는 때가 있습니다. 성과 중심으로 직원들을 평가하는 회사에서는 직원들에게 요구하는 능력이 있습니다. 예를 들면 회사가 영업 실적으로 소속된 기관 평가를 하면 직원들은 상품을 판매한 실적으로 평가를 받게 됩니다.

저와 같은 팀에서 근무했던 H 선배는 고급 지식과 기술을 갖추고 기업고객 네트워크를 컨설팅하거나 복잡한 고장을 척척 고쳤습니다. 한마디로 기술적으로 능숙한 업무 역량을 가지고 있었습니다. 그러나 영업 실적이 좋지 못해서 연말 인사 평가는 해마다 팀에서 최하위 인사고과 점수를 받아야만 했습니다. 그 선배에게 업무의 보람과 의미는 무엇이었을까요?

회사를 떠나야 하는가, 말아야 하는가를 고민해야 하는 시기는 회사가 필요로 하는 업무적 능력을 내가 가지고 있지 않을 때이고, 내가 가지고 있는 능력과 흥미가 회사가 원하는 것과 다를 때입니다.

세 번째 단서는 회사에서 개인적으로 더 이상 성장과 승진을 하지 못하고 있고 앞으로도 못할 거라고 느낄 때입니다. 물론 여기에는 두 가지 방향이 있을 수 있습니다. 그중 하나는 회사에서 주어지는 업무가 자신이 좋아하고 관심 있는 일이 아닐 때입니다.

제가 입사했을 때 정부투자기관^{공사}이었던 회사는 2002년 초반에 민영화가 되었습니다. 공익을 위해 수익이 나지 않는 섬 지방에도 고객을 위한 시설을 투자하던 회사가 민영화가 된 이후로는 수익이 나는 사업에만 치중했고, 경영 목표도 영업 이익으로 바뀌었습니다. 그리고 조직에 대한 충성도와 영업 실적이 직원 평가 기준이 되었습니다. 사회에 공헌하는 회사를 다닌다는 자부심과 보람은 나날이 줄어 들어갔습니다. 이는 바로 퇴직이라는 단어를 가슴에 떠올리게 되는 계기가 되었습니다.

다른 하나는 핵심부서가 아닌 외곽부서로 발령이 나면서 상사와 동료 간 신뢰 형성이 안 되어간다고 느낄 때입니다. 저는 자발적으로 경영혁신 부서에서 현장을 지원하는 부서로 이동했지만, 외곽부서에서 좋은 인사 평가를 받기가 어렵다는 걸 알게 되었습니다.

자발적인 '사이드맨'이 되었지만, 매달 나오는 월급에 만족하며 회사에 길들여진 삶을 살아갈 것인가 아니면 내가 좋아하고 잘하며 주도적으로 할 수 있는 일을 찾아서 회사 밖으로 나갈 것인가를 고민하게 되었습니다. 저에게 주어진 시간을 회사에 통째로 맡기고 살아가고 있지만 주도적으로 일을 할 수도 없고 시간의 노예로 살아가고 있다는 절박한 마음도 한몫을 했습니다.

마지막으로는 회사 밖에 나가서도 싸울 수 있는 나만의 무기가 준비되었을 때입니다. 직장인이라면 누구나 한번쯤 퇴직을 마음속으로 그려볼 것입니다. 그러나 실행에 옮기지 못하는 이유는 다니는 회사를 나가서 '더 나은 생활을 할 수 없을 것 같다' 또는 '더 잘할 수 있는 일이 없다'고 생각하기 때문입니다.

회사를 다니면서 퇴사나 이직을 위해서 준비해야 할 것은 회사 밖에서 통할 수 있는 무기입니다. 그 무기는 자격증이나 학위, 업무 능력, 경력 등입니다.

저는 퇴직을 마음속으로 그리면서 여러 개의 S자 곡선을 그리고 싶었습니다. 1인 기업으로 홀로 설 수 있는 나만의 능력을 가지고 싶었습니다. 회사 생활 11년 차에 정보통신기술사 자격을 취득했고 서른아홉 살에 대학원에 진학해 7년 간의 노력 끝에 정보통신 공학박사 학위를 취득했습니다. 회사에서 MBB^{식스시그마 혁신전문가}와 기업문화 전파 교육을 하면서 강사로서의 경험도 축적했습니다.

그렇다면 직장생활을 하면서 A지점을 통과하고 있는지 아닌지 어떻게 알 수 있을까요? 찰스 핸디는 『포트폴리오 인생』에서 그 지점은 지난 후에 되돌아보아야만 알 수 있지만 A지점임을 짐작하게 하는 실마리들은 있다고 했습니다. 너무 일상이 편안하고 삶이나 일이 마음대로 된다고 느낄 때라고 했습니다. 또한 만족감 때문에 안전하다는 착각에 빠지게 되고 방심하기 쉽다고 했습니다. 초기에 승승장구하던 조직도 일정 시점이 되면 필연적으로 주춤하게 되고 S자 곡선은 하향선을 그리기 시작하고, 대다수 기업은 이 시기에 와서야 대안을 고민하기 시작한다고 합니다.

지금 하는 일에 너무 익숙해 흥미가 떨어지고 보람과 의미가 감소하고 있나요? 그럼 당신은 A지점을 지나고 있을 수 있습니다. 내 삶의 새로운 S자 곡선을 만들어가야 합니다. 그러나 삶을 바꾸려면 용기와 결단의 시간이 필요합니다.

물론 하는 일이 잘 될 때 다른 길을 모색하기란 쉬운 일이 아닙니다. 여유시간 없이 바쁘게 살아가는 직장인이라면 익숙한 생활을 지속하는 것이 낫다고 생각할 수 있습니다. 그러나 A지점을 지난 후 기울어져버린 인생의 S자 곡선의 끝자락에 서서 깊은 후회를 할 수 있습니다.

대부분의 사람들은 죽음을 앞두고 '~을 해볼걸' 하는 후회를 한다고 합니다. 즉 하고 싶었던 일을 못 했거나 안 한 것을 후회하는 것입니다. 저는 퇴직을 하고 후회를 안 할 자신이 있었지만 만약 후회를 하더라도 퇴직을 안 해서 후회하는 것보다는 퇴직을 하고 후회를 하는 것이 더 나을 거라 생각하고 결단을 내렸습니다.

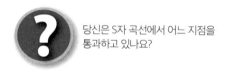

당신은 S자 곡선에서 어느 지점을
통과하고 있나요?

나는 왜
퇴직을 했는가?

　이번에는, 제가 퇴직을 한 후 많이 들었던 질문 가운데 "왜 회사를 그만두었느냐?"에 대한 답을 하려고 합니다.

　입사할 당시만 하더라도 저도 대부분의 선배들처럼 정년퇴직을 할 거라는 막연한 생각을 가지고 근무했습니다. 그러다 5~6년 차 즈음에 '퇴직'이라는 글자를 처음으로 마음에 그리게 된 계기가 있었습니다. 신문 칼럼에서 읽은 어떤 일본 사람의 이야기입니다.

　인생은 2막이 있는데, 그 2막의 일은 자기가 좋아하는 일이어야 하고 그것이 돈을 버는 일이면 더 좋을 거라는 게 그의 이야기의 핵심이었습니다. 그는 화초 가꾸기가 취미인데, 회사를 다니는 동안 시작한 화초 가꾸기로 퇴직한 이후에 돈까지 벌고 있어서 행복하다고 했습니다. 그날 이후, 저도 언젠가는 퇴직을 해야 하고, 퇴직 이후에 있을 2막을 준비해야 한다는 생각을 하게 되었습니다.

　제가 대학을 졸업한 1990년대 초는 평생직장의 시대였습니다. 그래서 첫 번째 직장의 선택이 매우 중요했고, 신중히 결정해야 했습니다. 졸업을 앞둔 학생들은 학과로 온 추천서로 취업을 하기도 하고 여러 대기업에 원서를 쓰고 시험을 보기도 했습니다. 저는 살고 있는 지역을 떠나고 싶지 않은 몇 가지 이유가 있었기에 제가 사는 지역에서 근무할 수 있는 회사를 선택했습니다. 제가 지원한 회사는 당시 취준생들에게 가장 인기가 높았던 회사였습니다. 지금 기억에, 지역별로 30~50대 1의 경쟁률이었습니다. 그렇게 치열한 경쟁을 뚫고 입사한 회사에서 1차 퇴직을 했습니다.

일반적으로 직장인들이 회사를 그만두는 주된 이유는 회사가 싫거나, 일이 힘들거나, 직장 상사나 동료들과의 갈등입니다. 그러나 제가 다녔던 회사는 지금의 저로 성장시켜준 고마운 곳이었습니다. 우리나라를 대표하는 정보통신 회사로, 회사의 가치나 미래 발전 가능성이 컸습니다. 그래서 회사를 그만두는 것이 아쉽고 어려운 결정이었습니다. 또, 회사를 나오면 다시 들어갈 수 없기에 갈등을 많이 했습니다.

회사가 비전이 없는 것도 아니고 일이 힘들지도 않았으며 직원들과 관계에도 어려움이 없었는데 저는 왜 회사를 그만두었을까요? 마츠다 미히로는 『그만두는 힘』에서 무언가를 손에 넣기 위해서는 두 손에 쥐고 있는 것 중 하나를 놓아야 하는데, 거기에는 용기가 필요하다고 했습니다. 그래서 많은 사람들이 그만두지 못하고 불만을 품은 채 현재의 상태를 유지하고 있다고 합니다. 저에게도 그만두고, 내려놓아야 하는 용기가 필요했습니다.

평생직장의 시대를 지나 두 번째, 세 번째 인생이 있음을 알았기에 퇴직을 한다는 사실보다 퇴직 시기가 더 중요했습니다.

재직 중에 퇴직을 하기 위해서는 몇 가지 전제조건이 있었습니다. 첫 번째는 퇴직은 결과의 산물이 아니라 하나의 과정이라는 것입니다. 즉 삶이라는 여행의 종착지가 아니라 중간에 거치는 하나의 장소일 뿐이라는 것입니다. 두 번째는 절대 정년퇴직을 하지 않겠다는 결심이었습니다. 세 번째는 '일이 싫고 힘들 때가 아니라 내가 좋아하는 일이 생겼을 때 떠나야 한다'라고 생각했습니다.

이 조건에 따라 퇴직을 한 이유를 구체적으로 말씀드리겠습니다.

첫 번째 이유는 익숙함과의 결별이었습니다. 회사가 주는 월급에 길들여져서 다른 것들은 생각하지 않고 회사가 시키는 일만 하고 있는 저 자신을 발견했기 때문입니다. 회사일을 가족이나 다른 일보다 최우선 순위에 두고 일을 했습니다. 회사가 부여한 업무에서 성과를 올려야 했고, 동료들과 보이지 않는 경쟁 속에서 피로감이 쌓이고 있었습니다. 밖에 나가면 내세울 것 없고 경쟁력 없는 평범한 직장인이었지만, 회사가 주는 갑옷을 입고 버거운 듯 기우뚱거리면서도 우쭐거리며 살았습니다. 사람들이 주는 먹이에 익숙해져 다시 날아오르지 못하게 된 철새와 같았습니다. 변화가 간절히 필요했습니다.

누구에게나 인생에 평균 3만 일^{2016년 평균수명 82.4세×365일=30,076일}이 공평하게 주어집니다. 회사를 다닌다는 것은 자신에게 주어진 3만 일 가운데 출근해서 퇴근할 때까지의 시간을 회사에 맡기고 월급이라는 대가를 받는다는 것을 의미합니다. 그런데 출근 시간은 9시에서 8시로, 다시 7시로 당겨지고 퇴근시간은 6시가 아닌 7시, 8시까지 연장됩니다. 일이 있을 때는 그 뒤까지 더 연장이 됩니다.

저는 퇴근시간을 넘어 추가로 시간을 희생하는 것에 힘들어했습니다. '회사 경영이 어렵다' '기관의 경영 목표를 달성해야 한다' '우리 팀의 실적을 높여야 한다' 등 회사가 직원들을 독려하기 위해 대는 핑계는 여러 가지가 있습니다. 다 맞는 말입니다. 회사원들은 회사를 위해 헌신해야 합니다. 이미 시간에 대한 권리를 포기했기에 할 말이 없습니다. 하지만 저는 시간에 대한 저의 주권을 되찾기로 했습니다. 저에게 주어진 시간을 주도적으로 사용하기 위한 결정이었습니다. 언제든지 다른 사람으로 대체할 수 있는 회사의 부속품 같은 직원으로 남기는 싫었습니다.

두 번째는 일과 가정의 균형을 잡기 위해서였습니다. 일과 가정이라는 두 개의 날개 중 하나가 부러지거나 제 역할을 못하게 되면 제대로 날 수 없습니다. 대부분 맞벌이 부부들이 공통적으로 느끼는 아픔은 아이들을 떼어놓고 출근하는 일입니다. 저희 부부도 맞벌이를 했기에 아직 기저귀도 떼지 못한 아이들을 어린이집에 맡기고 출근을 했습니다. 다른 아이들은 4시 30분 정도면 집으로 돌아오지만 우리 아이들은 엄마나 아빠가 데리러 갈 때까지 남아 있어야 했습니다. 늦은 시간에 데리러 갔다가 창문 너머로 저희 아이들만 남아서 놀고 있는 모습을 볼 때면 더 마음이 아팠습니다. 그랬기에 집에 있는 시간에는 최선을 다해 아이들과 함께했지만 항상 부족했습니다.

아이들이 성장하면 나아질 줄 알았습니다. 그런데 사춘기에 접어든 두 아들은 부모의 손길과 보살핌을 여전히 필요로 했습니다. 광주에서 목포로 출퇴근하는 아내와, 피곤한 몸으로 퇴근한 후 집안일을 함께 해야 하는 저는 둘 다 헉헉대고 있었습니다. 아내가 출근하고 나면 저는 아이들을 챙기고 회사로 향합니다. 회사 내 경쟁의 소용돌이를 지나 퇴근을 하면, 먼저 퇴근한 사람이 아침식사의 설거지부터 시작해서 남은 집안일을 합니다. 일상적인 맞벌이 부부의 모습이지만 이제는 다른 삶의 패턴으로 살고 싶었습니다.

회사를 그만둔 세 번째 이유는 제 이름으로 할 수 있는 일을 하고 싶었기 때문입니다. 회사를 다니면서 제가 올린 성과는 팀이나 기관의 실적이 되었습니다. 저의 실적은 연말에 인사고과 점수로 인정이 되기도 했지만, 승진 대상자가 아니면 별 소용이 없는 일이었습니다. 사실 대부분의 직장인들은 자신의 이름으로 수행한 일에 대해서 인정을 받고 싶은 마음이 있습니다. 더 나이가 들기 전에 회사에서 근무한 경력과 자격증을 가지고 회사 밖에 나가서 제 이름을 걸고 일도 하고 책도 쓰고 강의도 하고 싶었습니다. 조금 더 버티다가 퇴직을 하면 더 경쟁력이 떨어질 수 있다고 판단했습니다.

물론 여기에는 큰 함정이 있을 수 있습니다. 회사는 조직과 인적 네트워크를 가지고 움직입니다. 회사 안에서 이룬 성과를 자신의 재능과 능력만으로 이룬 것으로 혼동과 착각을 할 수 있습니다. 따라서 제가 가지고 있는 기술과 능력이 회사 밖에서도 통할 수 있는지 검증해야만 했습니다. 먼저 퇴직한 선배들을 통해 일을 할 수 있는 영역과 풀어나가야 하는 절차에 대해 조언을 받았습니다.

그렇게 했음에도 회사를 나와서 여러 가지 시행착오를 겪었습니다. 경력과 자격증을 가지고 있어도 퇴직자들을 기다리고 있는 회사와 일은 없습니다. 직접 발로 뛰면서 해당 분야의 협회에 맞는 경력증명서를 만들어

나는 **퇴직**을 미루지 **않**기로 했다

야 했기에 먼저 퇴직을 하신 선배들의 도움을 많이 받았습니다. 최근 TV
에서 보았던 CF의 문구가 기억에 남습니다.

> "가지 않은 길에 대한 두 가지 관점이 있다. 길이 없다는 두려움과 길을 만들
> 수 있다는 기대감이다."

아직 길을 만들지 못한 불확실한 미래에 대해 두려움과 불안감이 있
었지만 뚜벅뚜벅 걸어갔던 저의 발자국이 훗날 누군가의 두려움을 떨칠
수 있는 길잡이가 될 수 있기를 소망합니다. 퇴직은 삶이라는 긴 여행 중
에 거쳐 가는 중간 여행지의 하나일 뿐입니다. 사막을 여행하는 중에 잠
시 쉬어가는 오아시스입니다. 그곳에 도착해서 주변을 둘러보고 잠시 쉬
었다가 다시 충전해서 설레는 마음으로 다음 여행지로 가야 합니다. 당신
의 다음 여행지는 어디인가요?

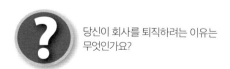

당신이 회사를 퇴직하려는 이유는
무엇인가요?

어느 날
갑자기 퇴직

　퇴직은 전혀 예상치 못한 순간에 다가왔습니다. 제가 다니던 회사는 20년을 근속하면 분기별로 명예퇴직을 신청할 수 있었습니다. 그렇지만 대부분의 직원들은 더 많은 퇴직금을 받을 수 있는 특별 명예퇴직을 기다렸습니다. 저도 예외가 아니었습니다. 20년이 지나면서 언젠가 특별 명예퇴직이 시행된다면 지금까지 준비해온 대로 퇴직을 결행하겠노라 마음먹고 있었습니다.

　2014년 4월 8일로 기억합니다. 평상시와 같이 출근을 했는데, 아침 사내 방송에서 노사 합의로 특별 명예퇴직이 시행된다는 공고가 흘러나왔습니다. 신청 대상자는 15년 이상 직원이며 퇴직금에 특별 명예퇴직금을 추가로 준다고 했습니다. 그리고 이번 특별 명예퇴직 이후에는 명예퇴직 제도가 없어지고 임금피크제가 도입된다는 것이었습니다.

　직원들은 술렁거리며 삼삼오오 모여 이번 기회에 퇴직을 하는 것과 계속 다닐 때의 유·불리에 대해 이야기를 나눴습니다. 저는 '올 것이 왔구나'라고 생각했습니다. 하지만 아직은 여러 가지 조건이나 상황을 파악해야 했습니다. 20년 이상 다닌 회사인데, 짧은 시간에 결정을 할 수는 없었습니다. 이미 회사 밖에 나가서 싸울 무기는 갖추었다고 생각하고 있었지만 '어떻게' 그리고 '어디에' 사용할지는 모르는 일이었습니다.

퇴근 후 아내와 마주 앉아 특별 명예퇴직에 대해 긴 이야기를 나누었습니다. 아내는 처음에는 갑작스런 명예퇴직 소식에 당황스러워 했습니다. 그러나 이런 일이 올 것이라 예상하고 부부간의 대화를 많이 해서 그런지 담담하게 받아들였습니다.

"이젠 당신이 자라서 둥지에서 떠날 때가 된 거라 생각하세요."

아내는 결정의 순간에 주저하지 않았습니다.

회사는 공고 다음 날부터 신청 가능 대상자들과 면담을 시작했습니다. 정년퇴직이 얼마 남지 않은 직원들은 결정이 비교적 쉬웠습니다. 신청 접수는 4월 10일부터 2주간이었습니다. 이미 퇴직 접수를 한 직원들은 책상을 정리하고 출근을 하지 않는 상황이었습니다. 하지만 저는 마음속으로 퇴직 결정을 한 상태에서 회사에 의사를 전달하지 못하고 근무를 계속했습니다. 그리고 회사와의 1차 면담에서 퇴직 의사가 없다고 했습니다. 제가 의사를 밝히면 주변에서 걱정하며 물어볼 것이 부담스러웠기 때문입니다. 그렇게 시간이 지나가고 있었습니다.

아내는 제 성격이 신중해서 빨리 결정을 내리지 못할 거라는 걸 알고 있었습니다. 그래서 퇴직을 하기로 결정했을 때 이렇게 말해주었습니다.

"당신이 최종적으로 결정을 하겠지만, 결정을 하면 접수하는 첫날, 제일 먼저 접수하고 오세요!"

물론 저는 그렇게 하지 못했습니다.

접수를 시작한 지 일주일이 지나가고 있었습니다. 관리자들은 대상자 면담을 계속 진행하고 있었습니다. 지난 일주일 동안 퇴직 신청자가 예상 인원을 넘어서 접수기간을 줄인다는 소문도 있었습니다. 아직도 마음속으로 갈등하는 직원과 퇴직을 하지 않기로 결정한 직원들이 나뉘어져서 어느 정도 수습이 된 듯한 분위기였습니다. 그럼에도 저는 여전히 퇴직 의사를 밝히지 못했습니다. 아내는 이미 퇴직을 결정해놓고 무엇을 망설이느냐고 했지만, 다시 생각해보아도 제가 회사를 나가서 잘할 수 있을지 두려웠습니다.

2014년 4월 16일. 회사에 출근을 했는데 웅성웅성 사람들이 TV 앞에 모여 있었습니다. 세월호 참사가 발생한 것이었습니다. 하루종일 세월호의 인명 구조 방송이 이어졌습니다. 제 아들들과 비슷한 또래 아이들이어서 더욱 마음이 아팠습니다. 선택의 순간에 이러지도 저러지도 못하는 제 자신의 모습이 구명조끼를 입은 채로 "가만히 있으라"는 선내 방송을 듣고 선실 아래에서 구조를 기다리고 있었던 학생들과 오버랩이 되었습니다. 문득 제가 회사를 다니는 동안 회사라는 구명조끼를 입고 지내왔다는 생각이 들었습니다.

'선실 밖으로 나와서 무슨 일이 일어났는지 주변을 살펴봐야 할 것이 아닌가!'

내 자신에게 외치는 소리가 들렸습니다. 이제 최종 결정을 해야 했습니다. 퇴직 후의 삶이 무섭도록 두려웠지만, 이번 기회를 놓치면 후회할 것이라는 생각이 들었습니다. 어차피 해야 하는 후회라면 퇴직을 하고 후회를 하기로 결심을 했습니다.

명예퇴직 접수 마감날, 사직서를 쓰고 젊은 날을 함께했던 정든 회사 문을 열고 밖으로 나왔습니다.

퇴직을 신청한 인원이 8,320명이라는 방송이 나왔습니다. 퇴직을 접수한 이후에도 업무 인수인계를 위해 며칠 더 회사를 나갔습니다. 마지막으로 회사를 나오는 날, 지금의 나를 있게 해준 고마운 회사와 동료들에게 감사의 인사를 보냈습니다. 사실은 예전에 퇴직자들이 남아있는 직원들에게 해주던 인사말이었습니다.

저는 퇴직을 할 때 훨씬 더 멋지게, 설레는 마음의 글을 쓰고 싶었습니다. 그러나 어려움을 가지고 함께 퇴직하는 분들도 있고 남아서 퇴직하는 직원들 몫까지 일을 해야 하는 직원들에게 별로 좋은 이미지를 남길 것 같지 않아서 평범한 인사말로 대신했습니다.

안녕하십니까? ○○팀 김석입니다.

1993년 11월 1일 한국통신에 입사해

20년 6개월 동안 근무했던 KT를 퇴직하게 되었습니다.

KT는 행복한 가정을 이루게 했고 제가 성장을 하도록 도와주었습니다.

제가 해보고 싶었던 꿈을 찾아서……

불확실성에 더 많은 기회가 있음을 믿고 선택을 하게 되었습니다.

성공보다는 의미를 찾아 제2의 인생을 시작하겠습니다.

회사 밖의 찬바람이 궁금하신 분은 연락 주시면 이야기해 드리겠습니다. ^^

헤어짐은 아쉽지만 또 다른 만남을 기약하며

항상 건강하시고 가정의 평화와 행복을 기도 드리겠습니다.

그동안 감사했습니다.

2014년 04월 30일 김석 드림

　

보통 드라마에서는 사직서를 고이 봉투에 넣어 상급자의 책상에 올려두지만, 저는 사직서라고 인쇄된 A4 종이에 퇴직 사유를 적고 서명을 했습니다. 오래전부터 퇴직을 준비해 왔지만, 막상 쓰고 나니 얼떨떨했습니다. 그러나 담담하게, 의연한 모습으로 회사를 나왔습니다.

그날은 그렇게 별 느낌이 없었습니다. 앞으로 무슨 일이 일어날 것이라는 예상도 할 수 없었습니다. 관리자와 주변 동료들은 회사가 지목하는 업무 부진 대상자도 아니고 아직은 때가 아닌 것 같은데 왜 퇴직을 하느냐고 아쉬워했지만, 저는 그때가 퇴직의 적기임을 직감했습니다.

"선배님 퇴직 후 준비하셨어요?"

"아니, 6개월 정도는 실업수당을 받고 쉬면서 생각해봐야지."

회사일만 충실히 하며 지내다가 덜컥 저와 같은 시기에 퇴직한 A 선배가 했던 말입니다. 저와 함께 퇴직을 한 선배, 동료, 후배들의 모습을 지켜보았습니다. 계획한 대로 생산적인 일을 하며 두 번째 인생을 의미와 보람으로 보내는 분들도 있지만 아직도 일을 찾지 못하고 자격증 수험 학원을 전전하시는 분들도 있습니다.

　직장을 다닐 때 퇴직을 절실하게 준비해야 합니다. 퇴직은 다니는 회사의 환경이나 처지에 따라 다르겠지만 직장을 다니는 분들은 일반 퇴직, 명예퇴직, 정년퇴직 중 하나를 합니다. 마음으로 준비된 퇴직과 준비 없이 하는 퇴직은 다릅니다. 먼저 마음으로 준비가 되었으면 전략을 짜고 실행에 옮겨야 합니다. 퇴직을 디테일하게 준비해야 합니다. 그러나 개인별로 상황과 조건이 다르고 성격과 성향이 다르기에 같은 방법을 말하기는 어렵습니다. 그러나 분명한 것은 '누구나' '언젠가' 한번은 퇴직에 직면할 것이고 그 시기는 어느 날 갑자기 온다는 것입니다.

어느 날 갑자기 닥쳐올 퇴직을
당신은 준비하고 있나요?

제 2 부

퇴직을
다시
생각하다

퇴직을 결정할 수 있었던
세 가지 이유
–직장을 다니는 친구에게 보내는 편지

To. 친구 Y

새로운 각오로 출발한 2019년도 벌써 세 장의 달력을 넘기고 있네. 올해 새로운 부서로 옮겨서 지금까지 해보지 않았던 어려운 업무를 하고 있다고 했지? 이제는 적응이 다 되었겠지. 직장생활은 업무가 바쁘면 바쁜 대로, 쉬우면 쉬운 대로 개인의 삶을 챙기기가 어렵지. 회사를 다니는 동안은 나의 시간을 통째로 회사에 임대해주기 때문에 나의 자유가 없는 거야.

난 그렇게 짜여진 틀 속에서 수동적으로 살아야 하는 회사 생활을 힘들어했고 그곳에서 벗어나고 싶어 했어. 나의 시간을 내 마음대로 사용할 수 있는 자유를 찾아서 회사 밖으로 나가고 싶어 했지. 나의 선택이 충동적이고 순간적인 결정이 아니라는 것은 자네가 누구보다도 잘 알고 있을 거야. 내게 맡겨진 업무를 수행하면서 퇴직을 하기 위한 계획과 준비의 시간을 가졌고 목표한 것들을 차근차근 이루어내고 특별 명예퇴직이라는 좋은 기회를 만나서 퇴직을 하게 되었네.

　벌써 퇴직을 한 지도 4년 10개월이 지나가고 있네. 나는 회사를 다니면서 준비했던 자격증과 학위를 가지고 통신 분야에서 파트타임으로 일하면서 나에게 주어진 시간을 주도적으로 사용하며 의미 있게 보내고 있어. 지금도 일의 포트폴리오를 확장해 나가고 있는 중이지. 내가 책을 쓰는 이유도 단지 책을 쓴 저자가 되고 싶어서는 아니라네. 나에게는 '인생 사명서'가 있어.

> "나의 인생 사명은 중년 이후 삶을 살아가는 사람들이 인생의 6대 영역에서 균형을 찾고 더 행복한 삶을 살 수 있도록 강의와 집필 그리고 멘토링을 통해 돕는 것이다."

　나의 책을 통해 나만의 브랜드를 가지고 싶고, 퇴직을 앞두고 고민하는 직장인들과 인생의 후반전에 균형 잡힌 인생을 살고 싶은 사람들을 돕고 싶다네.

　나는 지금 일과 시간에서 자유와 독립을 만끽하며 나만의 포트폴리오를 하나하나 구축하고 있다네. 월급은 줄어들었지만 나에게 주어진 시간을 내 마음대로 사용하는 기분은 말할 수 없이 기쁘고 의미와 보람이 크다네. 내가 파트타임 일을 하면서 가정을 돌봄으로써 부부 행복지수는 높아졌고 아이들도 사춘기를 잘 보냈다고 생각하네.

　그렇다고 자네도 퇴직을 하라는 말은 아니네. 누구나 한번은 퇴직을 하겠지만 회사에서 떠밀려 나가는 퇴직이 아닌 능동적인 퇴직을 하라는 거야.

대부분의 사람들에게 퇴직은 '상실'과 '절망감'의 단어로 느껴지지만, 잘 준비하고 퇴직 시기를 내가 결정하면 더 나은 인생 후반전을 보낼 수 있는 희망의 단어가 될 수 있다네.

이 기회에 이전의 만남에서 자네가 궁금하게 생각했던 것, 즉 내가 흔들리지 않고 퇴직을 결정할 수 있었던 이유를 들려주고 싶네. 물론 나도 최종 선택을 앞두고 퇴직을 해야 할지 버티며 계속 다녀야 할지를 갈등했고, 불안에 휩싸여 최종 결정을 하기까지 쉽지 않았다네.

특별 명예퇴직 공고가 나기 오래전부터 우리 부부는 퇴직에 대해 대화를 해왔고, 내 나름으로 퇴직에 대비해서 준비를 해왔기에 차라리 최종 결정은 더 쉬웠다네. 지금부터 그때로 돌아가 이유를 세 가지 정도로 정리해서 이야기를 해 볼까 하네.

퇴직을 결정할 수 있었던 첫 번째 이유는 절실하고 간절한 마음이 있었기 때문이네. 상하 관계로 이루어진 조직생활은 숨이 막혔어. 내가 하고 싶은 일이 아니라 남이 시킨 일을 해야 했고, 업무를 끝내고 퇴근해야 하는 시간은 이미 넘었지만 상사의 눈치를 보며 남아 있어야 했어. 집에 가서 가족과 시간을 보내고 싶었지만 그렇게 되지 않았어. 나의 시간을 통째로 회사에 임대해준 대가로 매달 정해진 날에 월급을 받았지만 '자유'가 없는 삶을 살아가는 직장인이었지. 인터넷에서 보았던 각 세대별 인생의 키워드 중에 40대의 키워드인 '자유'를 찾아서 회사를 나오게 되었네. 100세 인생에서 반환점을 돌아 오십을 넘으면 일과 시간의 노예가 아닌 일과 시간의 주인으로 살아가는 삶을 살고 싶다는 절박함이 있었다네.

두 번째 이유는 회사 밖에 나가서도 싸울 수 있는 나만의 무기를 준비하고 있었던 때문이네. 그것이 자격증일 수도 있고 1인 기업으로 비즈니스를 하며 홀로 설 수 있는 자기만의 능력일 수도 있어. 나는 회사 생활 11년차에 4전 5기로 도전해 정보통신기술사 자격을 취득했고 서른아홉 살에 대학원에 입학을 해서 7년이 지난 퇴직 1년 전에는 정보통신 공학박사 학위를 취득했다네. 또한 회사에서 식스시그마 MBB^Master Black Belt와 기업 문화 전파 교육을 하면서 문제 해결 능력과 강사로서의 경험도 축적했지.

자네가 알다시피 나는 학창시절에는 남 앞에 나가서 말을 하기를 어려워했고 무척이나 수줍음을 타는 성격이었어. 그러던 내가 회사에서 주어진 업무를 수행하며 강사의 역할을 하다 보니 지금은 남 앞에서 강의를 하는 강사가 되었다네. 나는 회사 생활 중에 연마했던 그 무기들을 이용해 여러 개의 파트타임 일을 하고 있다네. 인생 전반전은 '성공하는 삶'이 키워드였다면 인생 후반전은 '의미 있는 삶'을 키워드로 삼고 싶다네.

파트타임 생활자는 한 직장에서 풀 타임으로 근무를 하지 않기에 여러 개 일을 포트폴리오로 만들어서 할 수 있는 일을 늘려 나가려고 한다네. 어떤 일은 재정적으로 도움을 주고 또 다른 일은 재능 기부를 하면서 보람을 느끼지.

퇴직을 결정할 수 있었던 세 번째 이유가 가장 중요할 것 같네. 그것은 가족의 동의와 지지였다네.

우리 부부는 결혼 이후 맞벌이로 지내왔기에 가사나 두 아들의 양육에서 피로감이 높아지고 있었네. 두 사람 중 한 사람이 퇴직을 하면 어떨까 하는 큰 그림^Big Picture을 그리기 시작했고 만약에 하게 된다면 내가 하기로 했어. 그리고 시기는 특별 명예퇴직을 하는 시점으로 설정을 했어.

회사일이 힘들어서 하는 게 아니라 시간과 일의 주인이 되기 위해 퇴직할 거라고 아내와 계속 대화를 했지. 그러나 막상 특별 명예퇴직 공고가 나왔을 때 나는 주춤하며 갈등했다네. 하지만 아내는 의연하게 퇴직을 지지해 주었어. 명예퇴직 공고가 나던 첫날 나는 아내에게 소식을 알렸고 아내와 나는 긴 이야기를 나누었어. 최종 결정을 못하고 흔들리고 있는 나에게 보내준 아내의 편지 일부분을 여기 공개하네.

> 당신과 나는 이제 인생의 한 중심에 와 있는 듯한 느낌입니다. 폭풍 같았던 젊은 시절이 지나고 평온한 노년의 시기를 준비하고 있는 지금, 우리 가정에 큰 변화가 생길 조짐이 보입니다. 그동안 마음의 준비는 물론이고 여러 가지 준비를 했다고는 하지만 큰 회사의 울타리에서 경제적으로 어려움 없이 지내다가 홀로서기를 해야 할지도 모른다는 두려움 앞에 서 있습니다.
>
> 당신이 평소에 누누이 말해왔던 탓일까요. 아니면 아직 실감이 나지 않은 건지 혹은 경제적으로 궁핍함을 느껴보지 않은 건지……. 실은 별로 크게 두렵지는 않아요. 그러나 내가 느끼는 것보다 가장인 당신은 절실한 압박감으로 다가올 것입니다.
>
> 지금 2014년, 우리가 살아가는 현대인의 삶은 원하든 원치 않든 시대의 흐름을 따를 수밖에 없으니까요. 시대의 흐름을 역행하지 않고 순방향으로 내 것으로 만드는 것, 그것이 중요하니까요. 호흡을 잘 가다듬어 오랫동안 지치지 않고 앞으로 나아가는 수영처럼…….
>
> 그러나 지치지 않고 물결의 흐름을 타고 싶어도 수영할 수 있는 두 팔과 두 다

리가 없으면 아무 소용이 없지만 당신은 이미 준비가 되어 있어요. 다른 사람은 폭풍에 던져졌을 때 물에 빠져 허우적거릴 수밖에 없지만 당신은 수영해서 더 먼 바다로 나갈 준비가 되어 있어요. 물론 처음엔 호흡도 가빠지고 지치고 힘들겠지요. 각오해야지요. 안 그럼 가라앉을 테니까요. 당신이 힘들고 지칠 때 내가 당신이 쉬어 갈 수 있는 쉼터가 되어줄게요.

너무 빠른 것 같다고 생각하지 마세요. 당신의 나이는 새로운 일을 시작하기에 그리 빠른 편은 아니에요. 더 늦어지면 훨씬 힘들어질지도 모르죠. 나중에 좀 더 빨리 결단을 내렸으면 좋았을 거라 후회할 수도 있지요. 또한, 당신의 나이는 새로운 일을 시작하기에 늦은 것은 아니지요. 아직 40대니까.

그리고 난 지금까지 당신이 해왔던 일들이 아무 쓸모없는 일이었다고 생각하지 않아요. 세상에 필요 없는 일이 어디 있겠어요. 당신이 새로운 어떤 일을 하든 KT라는 큰 회사에서 근무했던 경험은 당신에게 장점으로 작용할 거예요. 이젠 당신이 자라서 둥지에서 떠날 때가 된 거라 생각해요. 다 자란 새는 작은 둥지로 다시 돌아가지 않아요.

회사를 지금 나오든 안 나오든―결국엔, 언젠가, 나오겠지요―나의 경우는 당신과 다르겠지만 결국엔 나도 정년이 되면 퇴직할 거고, 그것은 지금까지 당신이 누누이 강조했던 것이고요. 그러나 이번에 회사에 남게 되더라도 어쩔 수 없는 일이지요. 회사가 당신을 더 필요로 할 수 있는 거니까. 그리고 하나님께서 원하시면…….

우리는 항상 기도해요. 우리 가정이 하나님의 뜻에 따르고 하나님의 영광을 가리지 않고 하나님이 이끄시는 가정이 되게 해달라고. 어떤 결정이든 하나님께서 우리 가정을 지키실 거라 믿어요. 여보, 사랑하고 고마워요. 지난 16년 동안 함께한 것처럼 앞으로 16년, 또 그 다음 16년을 기대하며 사는 부부가 되어요.

2014년 4월 10일. 당신의 48번째 생일을 앞두고 사랑하는 아내가.

나같이 평범한 사람이 책을 쓴다고 웃지는 말게나. 자발적인 퇴직을 위해 한 걸음 한 걸음 걸어왔던 나의 이야기가 퇴직이라는 두 글자를 한 번이라도 가슴으로 생각해본 직장인들에게 도움이 될 수 있기를 바라는 마음이라네. 20년을 근무하며 퇴직을 계획하고 준비해 온 과정이 인생의 전반전이라면 퇴직 후 4년은 인생의 하프타임이라 할 수 있겠지. 지금부터는 인생의 후반전을 바라보며 일, 시간, 재정, 가정, 여가, 관계에서 어느 한쪽으로 치우침 없는 균형 잡힌 삶을 설계하려 하네. 부부가 함께 설계하면 더 좋겠지. 회사 생활을 하는 동안은 업무에 충실하고 남는 시간을 잘 배분해서 퇴직 이후를 준비하기 바라네.

자네도 언젠가는 회사 생활을 마무리하게 되겠지. 나의 책이 자네가 가야만 하는 여정 중에서 만나는 선택의 기로에서 도움을 줄 수 있는 이정표가 된다면 더없이 좋겠네. 다음 명절에는 서로 더 성장한 모습으로 만나기를 바라면서. 그럼 안녕.

From. 친구

 퇴직을 하기 위한 절실함과 나만의
무기 그리고 가족의 지지가 있나요?

나는 회사형
인간인가요?

"더욱 슬픈 현실은 공산주의만큼 위험한 어떤 사고방식을 당연시하고 스스로
그것을 믿도록 세뇌한다는 사실이다. 나는 그것을 '직장주의'라고 부른다. 이상
하게도 사람들은 직장주의를 당연시하며 월급의 대가로 자유를 자발적으로
포기하고 있다. 여러분의 인생을 정부나 고용주에게 의존하면 여러분은 커다
란 대가를 치러야 한다."

– 버크 헤지스 『1루에 발을 붙이고는 2루로 도루할 수 없다』 중에서

　　직장인들은 회사의 '내 책상'이 얼마나 소중한지를 압니다. 혹시나 내
책상이 없어질까 봐 휴가를 못 가는 분들도 있습니다. 대부분의 직장인
들은 일을 할 수 있는 직장이 있다는 것과 매월 받는 월급을 통해서 자기
정체성을 확인하고 심리적으로 안정감을 가집니다. 내가 이 회사 구성원
이라는 그 자부심으로 살아갑니다. 인생의 우선순위 중 첫 번째를 회사
일이라 여기고 살아갑니다. 그렇지만 회사일에 충성하며 매달리다 보니

긴 인생을 살아가면서 챙겨야 할 많은 다른 것들을 포기하게 됩니다. 인생에서 챙겨야 할 것에는 회사일 말고도 건강, 재정, 가족, 여가 등 많은 것들이 있는데도 말입니다. 지금 마땅히 해야 할 일을 나중으로 미루고 살고 있지는 않은가요?

회사를 너무 사랑(?)하다 보니 심지어는 회사를 놀이터로 생각하는 직원들이 있습니다. 쉬는 날에도 회사 주변을 벗어나지 못합니다. 저는 입사 후 10년 동안 시내, 시외 전자교환기를 운용하는 부서에서 3교대로 근무했습니다. 3교대 근무는 일근, 야근, 비번의 순서로 돌아가며 근무합니다. 평일이어도 비번이면 쉬고, 근무가 걸리면 공휴일과 주말에도 일을 합니다.

그런데 회사를 몸과 마음이 쉬는 놀이터로 생각하는 직원은 주말이나 휴일에도 회사를 나오곤 합니다. 특별히 일이 있어서 나오는 것이 아닙니다. 무슨 일로 나왔냐고 물어보면 딱히 할 일도 없고 갈 곳도 없어서 나왔다고 합니다. 책상에 앉아 신문도 보고 인터넷 검색도 하고 소파에 앉아 TV를 보다가 어느 정도 시간이 지나면 집으로 돌아갑니다. 이런 직원들은 식사나 술자리 등 인간관계도 회사 직원들과 제한적으로 형성하고 모든 이야기의 소재가 업무나 직원들입니다. 회사 입장에서는 회사만 생각해주는 충성스런 직원일 수 있지만 사회나 가정에서 감당해야 할 여러 가지 역할들은 축소되어 갈 것입니다.

간혹 함께 퇴직한 선배와 동료들을 만나는 기회가 있습니다. "회사를 다닐 때 회사 밖의 사람들도 만나고 회사 밖의 일에도 관심을 가졌으면 좋았을텐데" 이렇게 후회하는 이야기를 많이 합니다. 또는 "회사일에 최선을 다하느라 가정도 못 챙기고 미래 준비도 못했어" 하며 후회하는 퇴직자들도 많습니다. 선배들이 회사를 다닐 때는 회사나 선배 그 누구도 퇴직 후에 대한 이야기를 해주지 않았다고 하소연을 하기도 합니다. 그들은 회사를 삶의 전부라고 할 만큼 최우선 순위에 두고 살았습니다.

직원들은 충분한 수입과 안정된 미래를 보장해줄 것이라 믿고 회사일에 매달리지만, 그것은 직원들의 희망사항일 뿐입니다. 직원들의 상승 지향적 사고를 이용해 조직의 경영성과를 올릴 수밖에 없는 것이 기업의 속성입니다. 기업의 목적은 이윤 추구입니다. 이윤을 남기기 위해서는 못 할 게 없습니다. 직원들을 혹사시키고 목적 달성을 위한 도구로 사용하기도 합니다. 회사에 도움이 안 되고 해를 끼치는 직원은 매몰차게 쫓아내기도 합니다. 더 열심히 일한 직원들은 월급도 올려주고 승진도 시켜주고 고용 안정을 보장한다고 약속합니다. 물론 다 거짓말은 아닙니다. 하지만 경영상 어려움이 생기거나 사업을 재편해야 할 때는 회사에 유리한 방향으로 해석하고 판단하며 그 방향에 맞추어 일을 추진합니다.

회사가 직원들을 지켜줄 거라고 믿는 것은 환상입니다. 언제나 희생양은 직원들입니다. 그때 가서야 "회사가 나에게 이럴 수 있느냐" 해도 회사는 "어쩔 수 없었다. 미안하다"라는 말만 되풀이할 것입니다.

회사의 변심은 어쩔 수 없는 조직의 생리입니다. 세상의 이치입니다. 그렇게 받아들이는 것이 마음 편합니다. 그렇다면 어차피 회사가 나를 속일 것이니 열심히 일할 필요가 없을까요? 저는 그렇지 않다고 생각합니다. 오히려 그렇기 때문에 더 열심히 일해야 한다고 생각합니다. 회사 내의 여러 분야에서 다양한 경험을 하고 경력을 쌓아서 언젠가는 나에게도 닥

칠 수 있는 그때를 대비해야 합니다. 회사는 직원들의 마지막까지 책임질 수 없다는 것을 담담하게 받아들이고 이해해야 합니다. 그렇게 되면 회사가 피치 못할 상황에서 나에게 어떤 행동을 취하고 있다는 걸 느꼈을 때에도 회사에 대한 서운함의 강도를 줄일 수 있게 됩니다. 최종 순간에도 "그동안 고마웠습니다"라며 쿨하게 이별할 수 있습니다.

이와 같은 조직의 비밀 아닌 비밀을 알고서도 회사에서 꼭 필요한 직원이 되기 위해 노력했습니다. 저는 학부에서 통신과 관련이 없는 전공을 했기에 통신 분야에서 전문성을 확보하고 싶었습니다. 다행히 통신회사였기 때문에 정보통신기술사 시험공부 하는 걸 숨길 필요가 없었습니다. 반면에 눈치를 보면서 회사 업무와 전혀 다른 분야의 자격을 몰래 준비하는 직원들도 보았습니다.

자기계발은 직장을 떠나기 위해서가 아니라 지금의 직장에서 더 나은 전문성과 우수성을 확보하기 위한 수단이어야 합니다. 피터 드러커는 자기계발을 할 때는 내가 속한 조직의 성과에 영향을 미치는 것으로 해야 하며 '내가 공헌을 할 수 있는 것은 무엇인가?'라는 질문을 해야 한다고 했습니다.

혹시 당신은 회사형 인간인가요? 회사일이 내 삶의 최우선 순위인가요? 이제부터 무조건 복종만 하는 회사와의 연인 관계를 청산하시길 바랍니다. 적당한 거리를 두고 밀당하는 관계가 되길 바랍니다. 회사는 언젠가 당신에게 이별을 통보할 것입니다. 회사가 언제까지나 당신을 지켜줄 것이라 믿지 마십시오.

다른 직원과 차별화되는 능력을 가지고 있는가요? 회사를 다니면서

나는 **퇴직**을
미루지
않기로 했다

하는 자기계발은 현재 조직의 성과에도 공헌할 수 있어야 하고, 회사 밖에 나와서도 인정받을 수 있는 것이면 좋겠습니다. 언젠가 회사를 나왔을 때 그 시절을 후회하지 않도록 말입니다.

회사와 나는 연인 관계인가?
친구 사이인가?

명함 속의 나와
결별하기

명함(名銜): 성명, 주소, 직업, 신분 따위를 적은 네모난 종이쪽. 흔히 처음 만난 사람에게 자신의 신상을 알리기 위해 건네준다.

국어사전에 나오는 명함의 정의입니다. 직장인들은 처음 만나는 사람들과 명함을 주고받습니다. 명함을 주고받는 것은 나와 상대방이 업무적으로 공유할 수 있는 무엇인가를 가지고 있는지, 서로 도움을 주고받으며 일을 할 수 있는지 따져보는 것입니다.

한국 남자들은 명함을 주고받으며 서열을 정합니다. 목에 힘을 주면서 주도적으로 말을 해도 되는지, 고개를 끄덕이며 주로 들어야 하는지를 판단하는 것입니다. 이렇게 명함은 외모를 어필해주는 옷과 같이 개인의 사회적 위치를 대변해주는 중요한 물건이 됩니다.

"저는 ○○○○ 회사에 다니는 ○○○입니다." 한국인들이 모임에서 자기를 소개할 때 주로 하는 말입니다. 그러면 듣고 있는 사람들은 그 회사의 이미지와 그 회사를 다니는 지인을 떠올립니다. 그리고 그 지인과 비슷한 생각과 생활환경을 가지고 있을 거라 짐작하며 "네. 그러시군요"라고 인사를 합니다. 반면에 서양 사람들이 자기를 소개할 때는 "제가 좋아하는 것은 ○○○이고 관심 있는 일은 ○○○○이며 ○○○○ 분야에서 일을 합니다"라고 말합니다. 다니는 회사의 이름보다는 성격, 취미, 관심사, 하는 일이 자기소개의 중요한 소재가 됩니다.

직장인들은 보다 높은 실적을 위해 치열하게 팀 간이나 팀 동료들과 경쟁을 하며 살아갑니다. 명함의 업그레이드를 위해서 앞만 보며 살고 있다 해도 틀린 말은 아닐 것입니다. 이렇게 살다 보면 '명함 속의 나'만 있고 '명함 밖의 나'의 존재는 잊고 살게 됩니다. 아니 애써 모르는 척하며 살고 있는지도 모릅니다. '명함 밖의 나'라는 존재를 인식하는 순간 머리가 아파진다고 생각하기 때문입니다. 그렇게 직장인들은 회사라는 테두리 안에서 '명함 속의 나'로 사는 것에 익숙해져 있고 더 안정되게 산다는 느낌을 받습니다.

자발적이든 비자발적이든 다니던 직장에서 나온 퇴직자들은 얼마 지나지 않아 그렇게 소중하게 여겼던 명함이 사라진 것을 알게 됩니다. 서열을 정하는 데 사용했던 가장 큰 무기가 없어진 것입니다. 퇴직을 한 뒤 '좌절감, 패배의식, 상실감, 외로움, 절망감' 등을 느끼는 큰 이유 중 하나일 것입니다.

퇴직을 한 후에도 다니던 회사의 명함을 가지고 다니며 '현재의 나'가 아닌 '왕년의 나'를 소개하는 사람도 있습니다. 그래서 퇴직한 사람들이 조급하게 새로운 명함을 만들기 위해 노력을 하는지도 모르겠습니다. 자신과 맞지 않는, 준비되지 않은 일터로 재취업을 하기도 하고 사장님 명함을 가지고 싶어서 경험이 없는 자영업 창업을 하기도 합니다.

저는 언제가 될지는 모르지만 강제적으로 등 떠밀려 회사를 나가지 않고 스스로 떠날 시기를 결정하고 싶었습니다. 그리고 퇴직 후 홀로서기에 필요한 무기들을 갈고 닦으며 회사를 다녔습니다. 그럼에도 불구하고 막상 퇴직을 하고 나왔을 때 가장 아쉬운 것은 명함이었습니다.

한국 사회에서는 만남과 대화에서 상대방이 어떤 위치인지, 무슨 일을 하고 있는지 아는 것이 매우 중요합니다. "지금 무슨 일을 하고 있는가? 앞으로 무엇을 할 것인가?"라는 질문에서 자유로울 수 없기 때문입니다. 명함 없이 현재 자신이 하는 일과 앞으로의 계획을 설명하기가 참 어렵다는 것도 알게 되었습니다

직장생활 8~9년 차 때로 기억을 합니다. 팀 회식이 끝나고 다음 장소로 이동 중에 50대 초반의 팀장님과 나누었던 대화입니다.

> "팀장님 오늘 참 힘들어 보이십니다."

그날따라 왠지 힘들어 보여서 먼저 질문을 했습니다.

> "회사 생활은 팀장이나 일반 직원이나 힘이 드는 것은 마찬가지야, 회사가 부여한 역할의 가면을 쓰고 연극을 하고 있을 뿐이지. 이 연극이 끝나면 '본연의 나'로 돌아가야지."

팀이 달성해야 하는 목표를 향해 카리스마를 가지고 팀원을 이끌던 팀장님이었기에 그 이야기가 한참 동안 마음속의 울림이 되었습니다. 대부분의 선배들로부터 "직장생활의 꽃은 승진이야. 직장인들은 그 목표를 위해 사회생활을 하는 거야"라는 말을 귀에 못이 박히도록 들었던 저는 망치로 머리를 맞은 듯한 느낌이 들었습니다. 직장생활이 영원하지 않을 것이라는 것 그리고 직장생활이 자기에게 주어진 역할에 맞춰 하는 연극과 같다는 것을 알게 되었으며, 궁극적인 직장생활의 목표를 되돌아보는 계기가 되었습니다.

그 전까지는 회사에서 주어지는 업무를 열심히 하다 보면 승진을 할 것이고 직책도 맡게 될 거라는 단순한 생각으로 근무를 했습니다. 그날 이후 저는 조직사회인 회사가 배우들에게 적당한 역할을 주고, 배우들은 대본과 배역에 따라 열심히 공연을 하고 있다는 생각을 하게 되었습니다. 시간이 지나고 연극의 막이 내리면 배역에 맞춰 공연을 하던 배우들은 분장을 지우고 자신들의 삶으로 돌아가겠지요. 배우가 아닌 '진짜 나'로 돌아가는 것입니다.

그때부터 저는 '회사와 나'를 분리하여 바라보게 되었고 '진짜 나'에 대한 고민을 시작하게 되었습니다. 지금까지 회사를 다녔던 것은 진짜 내가 아닌 '명함 속의 나'였다는 것을 깨닫게 되었습니다. 당시 저에게 가장 중요한 것은 '명함 속의 나'와 '명함 밖의 나'를 구분해 고민하고 생각하는 것이었습니다.

직장인들은 회사라는 온실 안에서 길러지는 화초와도 같습니다. 회사로부터 월급, 급식비, 국민연금, 고용보험, 의료비, 학자금, 통신비, 수련

관, 하계휴양소, 연말정산 대리신고 등 많은 복지서비스를 받습니다. 당연하다고 생각해왔던 많은 것들이 직원들을 위해 회사가 주는 혜택이었습니다. 이 때문에 회사라는 울타리 안에서 직원으로 길러지며 언제까지나 '명함 속의 나'로 살아갈 수 있을 거라는 착각을 하는 것입니다. 사람들이 주는 먹이에 익숙해진 야생 오리가 결국 날아가는 방법을 잃어버려서 고향으로 날아가지 못하듯이 회사 생활에 익숙해져서 안주하며 그 혜택이 영원할 거라 생각하고 있었던 것입니다.

명함 밖의 허허벌판에 저를 혼자 세워보았습니다. '명함 밖의 나'는 너무나 초라하고 아무것도 아니라는 생각이 들었습니다. 회사라는 울타리를 나와서 '내가 할 수 있는 일'과 '할 수 없는 일'을 구분해보았습니다. 회사 밖에 나가서 다니던 회사의 명함 없이도 '내가 살아남을 수 있는 방법'이 무엇인지를 고민했습니다.

저는 배우고 공부하는 것을 좋아하고 배운 것을 다른 사람들과 나누는 것을 좋아한다는 것을 알게 되었습니다. 회사를 다닐 때 영업활동도 해보았지만 다른 사람의 마음을 얻는 영업은 저에게 어려운 분야라는 것도 알게 되었습니다. 그래서 기존에 공부해오던 정보통신기술사 시험에 더 정진하는 계기가 되었습니다. 전공과 무관한 통신회사에 입사했기에 통신을 알기 위해 동료 직원들보다 더 많은 노력을 했습니다. 이력서의 최종 학교, 학과도 앞으로 회사를 나가서 도움이 될 수 있도록 통신 관련 학과로 바꾸는 게 중요한 일이었습니다. 물론 대학원에 진학해 더 깊게 정보통신공학 공부를 하고 싶었습니다. 회사의 보호막을 벗어났을 때를 생각하며, 명함이 사라졌을 때도 홀로 설 수 있는 무엇인가를 준비해야만 했습니다.

개인의 현재와 미래를 나타내주는 것이 명함입니다. '명함 속의 나'와 '명함 밖의 나'는 다를 수 있습니다. 광장의 한복판에 자신을 세워두고 바라보는 시간을 가져보기를 바랍니다. '자신이 할 수 있는 일'과 '자신이 할 수 없는 일'을 구분해보기 바랍니다. 현재 마흔이 넘은 직장인들은 '명함 속의 나'와 결별을 선언하고 '명함 밖의 나'로 살아갈 준비를 해야 합니다. 그런 시간은 되도록 퇴직 후가 아니라 회사 생활을 하는 중에 가졌으면 좋겠습니다.

왕년의 회사 명함이 아닌 현재 '진짜 나'의 명함을 준비해야 합니다. 세상에 하나밖에 없는 명함, '진짜 나'의 이름 앞에 들어갈 수 있는 항목들을 만들어가야 합니다. 그것이 여러 개면 더 좋겠습니다. 우리에게 남은 인생은 '진짜 나의 명함에 들어가는 글자들을 늘리는 과정'이 될 것입니다. 그리고 '진짜 나'를 알리는 명함의 내용이 늘어날수록 더 풍요롭고 가치 있는 인생이 될 것입니다.

'명함 밖의 진짜 나'는 누구인가?

오돌이와
쇠돌이

야생 오리인 오돌이 가족과 쇠돌이 남매의 고향은 추운 북쪽 나라다. 겨울이 되자 따뜻한 남쪽 나라인 이곳으로 날아와 살고 있다. 오돌이네는 아빠와 엄마 그리고 오돌이와 오순이, 네 식구다. 가족의 안전을 책임지는 듬직한 아빠와 다정한 엄마 곁에서 가끔 싸우기는 하지만 오빠 오돌이와 동생 오순이는 행복하다.

오돌이네 식구가 살고 있는 이곳 저수지는 물이 풍족하고 주변에는 맛있는 먹이들이 가득하다. 아늑한 갈대숲은 하루 해가 저문 뒤 노을을 바라보며 가족끼리 도란도란 이야기를 나누기에 안성맞춤이다. 오돌이네 가족은 새로운 먹이를 찾아 날아다닌다. 아침에 일찍 일어나 누가 더 먹이를 많이 잡아오는지 내기를 하기도 한다.

오돌이네와 가까운 곳에서 살고 있는 쇠돌이와 쇠순이는 남매다. 부모님은 몇 해 전에 돌아가셔서 친구인 오돌이 가족을 따라 남쪽 나라에 와서 씩씩하게 먹이를 찾아 날아다닌다. 남매는 서로 의지한 채 날갯짓을 하며 나는 연습을 게을리하지 않는다. 다시 고향으로 돌아갈 때를 대비해서 이른 아침부터 일어나 먹이를 찾아다닌다.

햇살이 따뜻한 어느 날이었다. 오돌이네가 사는 저수지 가까이에 사는 사람들이 오돌이 가족을 보고 신기해하며 음식을 가져다주었다. 오돌이 아빠가 가까이 다가가 살펴보니 냄새가 그리 나쁘지 않았다. 조심스레 맛을 보니 태어나서 처음 먹어보는 맛이었다. 지금까지 먹어온 것들과는 달리 달콤하면서도 고소한 맛이 정말 좋았다. '이렇게 맛있는 것을 나 혼자 먹을 수는 없지.' 오돌이 아빠는 사랑하는 가족들을 불러 함께 배불리 먹었다.

사람들은 오돌이 가족이 먹는 모습을 보려고 더 많은 음식을 가져다주었다. 하루 이틀 시간이 지나자 이젠 오돌이 가족을 이른 아침 하늘에서 찾아볼 수가 없게 되었다. 오돌이와 오순이는 더할 나위 없이 행복했다. 아침에 엄마가 일찍 깨우지 않아 좋았고, 저수지 주변을 날며 힘들게 먹이를 찾아다니지 않아서 좋았다. 오돌이네는 점점 먹이를 찾는 일에 게을러졌다. 가만히 있어도 사람들이 먹이를 주었기 때문에 먹이를 찾으러 다니는 노력을 하지 않고도 배를 채울 수가 있었다.

오돌이네 식구는 매일 배가 부르도록 음식을 먹었고 점점 살이 쪄 갔다.

"그렇게 사람이 주는 음식만 먹다가 살이 쪄 우리 고향으로 못 날아가면 어떻게 하려고 그러니?"

지나가던 쇠돌이가 근심스런 표정으로 오돌이에게 말했다.

"가만히 있어도 먹이를 가져다 주는데 왜 힘들게 먹이를 찾아다녀야 하니?"

오돌이가 쇠돌이를 비웃으며 말했다.

"날아올라서 자기가 먹을 먹이를 잡아와야지."

다시 쇠돌이가 말했다.

"쇠돌이 너나 해라. 나는 현재가 좋아. 만족해. 일찍 일어날 필요도 없고, 날아
올라 먹이를 찾아다닐 필요도 없어."

오돌이는 고개를 돌리며 말했다. 쇠돌이는 걱정이 되었지만 어쩔 수가
없었다. 시간이 지나 남쪽 나라의 겨울이 끝나가고 있었다.

"이젠 북쪽 나라 고향으로 날아가야지."

오돌이네 식구는 고향으로 돌아갈 준비를 했다. 그런데 어찌 된 영문
인지 날갯짓을 하며 힘차게 날아오르려던 아빠 오리가 얼마 못 가 그만 주
저앉아 버렸다. 아빠를 따르던 엄마, 오돌이, 오순이도 열심히 날개를 퍼
덕였지만 몸이 무거워서 날 수가 없었다. 날갯짓하는 방법도 잊어버린 듯
했다. 몇 번이나 다시 시도해보았지만 결과는 마찬가지였다.
다른 야생오리 가족들은 모두 떼를 지어 북쪽 나라를 향해 날아올랐

74

고, 이젠 들판에는 오돌이 가족과 쇠돌이 남매만 남았다. 오돌이 가족이 날 수 있을 때까지 옆에서 지켜보던 쇠돌이와 쇠순이도 더 기다릴 수 없어서 북쪽 나라를 향해 날아올랐다.

친구인 오돌이와 오순이가 걱정이 되었지만 데리고 갈 수는 없었다. 넓은 들판에 오돌이 가족만 남았다. 오돌이네는 비록 고향으로 돌아갈 수 없었지만 사람들이 주는 먹이가 있었기에 걱정이 되지는 않았다. 그런데 큰일이 생기고 말았다. 어느 때부터 사람들이 더 이상 오돌이네 가족을 보러 오지 않았다. 그리고 언제나 물이 넘실대던 저수지 물이 서서히 줄어들기 시작했다. 농사철이 시작된 것이다.

오돌이네는 굶는 날이 늘어났다. 배가 고팠다.

"아빠 배고파요, 우리도 나가서 먹이를 찾아봐야겠어요."

오순이가 말했다.

"기다리면 사람들이 다시 음식을 줄 거야, 조금만 더 기다려보자."

오돌이 아빠는 말했다. 그러나 사람들은 더 이상 음식을 주지 않았다. 굶는 날이 많아졌지만 이미 사람들이 주는 먹이에 익숙해져버린 오돌이네 식구는 현실을 받아들일 수가 없었다. 아니 현실을 인정하기가 싫었다.

"다시 좋은 날이 오겠지."

막연한 마음만 있을 뿐이었다. 들판에 내리쬐는 뜨거운 태양은 오돌이 가족을 더 힘들게 했다. 오돌이네 식구들의 몸은 점점 야위어 갔다. 이제 오돌이네 식구에게는 희망도 없었고, 다시 일어나고자 하는 의욕도 없었다. 하루 하루에 의미를 부여할 수도 없었다.

남쪽 나라에 다시 겨울이 시작되었다. 북쪽으로 날아갔던 쇠돌이와 쇠순이가 돌아왔다. 쇠돌이는 제일 먼저 오돌이를 찾았다. 다행히 오돌이 식구는 살아있었지만 뼈만 앙상할 정도로 쇠약해져 있었다. 쇠돌이는 먹이를 구해와서 오돌이네 식구에게 주었다. 정성으로 보살핀 덕에 오돌이네 식구는 조금씩 기력을 회복했다. 그러나 쇠돌이도 언제까지나 오돌이네를 보살펴줄 수가 없었다. 쇠돌이는 말했다.

"이제 너도 먹이를 찾아 날아올라야 해, 넌 야생오리야. 나는 방법을 잊어서는 안 돼!"
"그래 나도 생각은 하고 있지만 편했던 시절에 익숙해져 있어 변하기가 힘들어, 노력해볼게."

그때 먹이를 던져주던 사람들이 돌아왔다. 오돌이네 식구는 반가웠다.

"이런 날이 올 줄 알았어."

오돌이네 식구들은 즐거워했고 편했던 지난날을 생각하며 또다시 현실에 안주하고자 했다.

"사람들이 주는 먹이만 먹으면서 살면 안 돼, 먹이를 찾아 나서야 해."

쇠돌이는 오돌이 식구들을 설득하기 시작했다.

"이번 여름에는 힘이 들었지만, 사람들이 다시 먹이를 주기 시작했잖아, 아마 계속 먹이를 줄 테니, 걱정하지 마."

오돌이 아빠가 말했다. 그러나 오돌이는 생각했다.

'쇠돌이 말이 맞아. 정말 나 오리 맞아?'

그러고는 먹이를 잡아먹는 방법과 날아가는 방법조차 잃어버린 자신을 발견하게 되었다.

'그래, 나부터 변하자'.

오돌이는 결심했다.

'내일부터 일찍 일어나 먹이를 찾아 나서자. 높이 날아 먹이를 찾아보자. 내 몸을 날렵하게 만들어야 다시 고향으로 돌아갈 수 있지.'

오돌이는 편하고 익숙한 것들과의 결별을 선언했다. 지금까지 살아오던 생활방식에서 벗어나기로 결심하고 아빠, 엄마, 동생을 설득하기 시작했다.

그 후로 오돌이네 식구들은 사람들이 주는 먹이를 먹지 않았고 높이 날아올라 먹이를 찾아다녔다. 다시 야생오리의 행동과 습관이 차차 몸에 젖어들었다. 오돌이 식구들은 그들에게 충고해준 쇠돌이에게 감사했다. 지난날을 생각하니 후회스럽고 다시는 현실에 안주하는 생활을 하지 않겠노라 다짐했다. 주변의 다른 친구 오리들은 아직도 사람이 주는 먹이에 익숙해져 나는 연습을 게을리하고 먹이를 찾는 일을 소홀히 하고 있었다. 오돌이는 다가가서 자신을 예로 들어가며 설득했다. 그러나 친구 오리들은 오돌이 말을 무시하며 오히려 비웃었다.

"이렇게 편안하게 사는 방법이 있는데, 왜 고생하고 사니?"

오돌이는 마음이 아팠다. 바로 작년까지 자신의 모습이었기 때문이다. 오돌이는 생각해보았다.

'친구들은 왜 내 말을 믿지 않지? 내가 하는 말을 이해하지 못해서일까? 변하고는 싶지만 방법을 몰라서일까? 아니면 이해도 하고 방법도 알지만 실천하려는 의지가 부족해서일까? 아마도 익숙한 환경에 적응해 안주했기 때문일 거야.'

남쪽 나라의 계절이 바뀌었다. 고향으로 돌아가야 하는데 사람이 주

나는 퇴직을 미루지 않기로 했다

는 먹이에 익숙해져 살이 찐 오리들은 날아오를 수가 없었다.

'왜 친구들을 더 설득해서 변화시키지 못했을까?'

오돌이는 같이 고향으로 돌아가지 못하고 남아 있게 될 친구들을 더 설득하지 못한 것을 후회했다. 지금의 생활이 풍족하고 편하고 익숙하더라도 자신을 돌아보며 변화하지 않으면 행복을 유지할 수 없다는 생각을 했다. 오돌이 가족과 쇠돌이 남매는 고향인 북쪽 나라를 향해 힘차게 날갯짓을 하며 하늘 높이 날아올랐다.

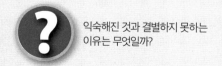

익숙해진 것과 결별하지 못하는
이유는 무엇일까?

자유로움
그리고 소속감

퇴직 후 가장 큰 변화는, 당연한 일이었지만, 날마다 출근을 하지 않아도 되는 것이었습니다. 누구나 아침마다 빨리 회사에 가고 싶다는 마음으로 출근하지는 않습니다. 그러나 내가 가야 할 회사가 있다는 것과 사회공동체의 일원이라는 소속감에 뿌듯함을 가집니다. 출근할 회사가 있는 사람들의 발걸음은 당당하고 씩씩합니다. 그래서 퇴사를 했다는 것은 출근할 회사가 없다는 것을 의미하고, 사회라는 톱니바퀴에서 나만 떨어져 나온 듯한 소외감과 상실감을 크게 느끼게 됩니다.

대부분의 직장인들은 정시 출퇴근을 하지 못하고 아침 일찍 출근하고 회사와 소속 팀원들 사이에 암묵적으로 약속돼 있는 시간에 퇴근을 합니다. 그날 해야 할 일을 끝냈다 하더라도 먼저 퇴근하는 건 눈치가 보입니다. 저에게는 이것이 조직 생활에서 아주 큰 스트레스 중 하나였습니다.

직장인은 자기의 시간과 능력을 회사에 팔고 그 대가로 월급을 받아서 생활합니다. 집안일이나 개인적인 일이 있다 하더라도 지각하지 않기 위해 빠른 걸음으로 회사로 향합니다. 아침에 회의라도 있는 날이면 팀원들에게 피해를 주지 않으려고 더 신경이 쓰입니다. 회사 생활을 한다는 것은 결국 나에게 허락된 자유가 없음을 의미합니다.

퇴직 후 한 달은 출근을 하지 않고 집에 있는 게 가족들에게 미안했습니다. 무엇부터 시작을 해야 할지 몰라서 정말 불안했습니다. 저에게 걸려오는 전화는 대부분 제가 퇴직한 사실을 뒤늦게 알고 놀란 회사 동료들의 전화였습니다.

"왜 퇴직을 했느냐? 무엇을 할 계획이냐? 할 일은 결정되어 있느냐?"

정년이 보장된 직장에서 조기(?) 퇴직을 했으니 주위에서 걱정이 많았습니다.

"더 늦기 전에 내가 하고 싶은 일을 시작하고 싶었어요. 퇴직을 하고서 하는 후회보다 퇴직을 하지 않고 하는 후회가 더 클 것 같았어요."

이렇게 같은 말을 되풀이했지만 미래에 대한 불안감까지 사라지지는 않았습니다. 재직 중에 명예퇴직을 하겠다는 전략을 세우고 살았지만, 막상 퇴직을 하니 제 앞의 자욱한 안개를 걷어내야만 했습니다. 먼저 현재의 나를 받아들여야 했습니다. 심리적인 안정을 가지고 평상심을 찾는 것이 중요했습니다.

퇴직 후 일상생활에서 가장 어려웠던 점은 저를 바라보는 남의 시선을 의식하는 것이었습니다. '나는 내가 하고 싶은 일을 하기 위해서 퇴직을 한 거야, 남은 너에게 관심이 없어'라고 마인드컨트롤을 시도했지만 남의 시선을 의식하는 건 퇴직을 하고 2년이나 계속되었습니다. 특히 출퇴근 시간이 아닌 때 아파트 주민들과 만남을 피하고 싶었습니다. 그래서 외출은 되도록 직장인들이 퇴근을 하는 오후 6시 이후에 했고 혹시라도 6시 이전에 아파트에서 아는 사람을 만나면 죄를 지은 사람이 먼저 죄를 자백하는 심정으로 "오늘 휴가라서요"라고 허둥지둥 둘러대기도 했습니다.

퇴직 후 6개월이 지날 즈음, 회사에 소속되어 시간을 파는 대가로 받던 마약과도 같은 월급을 그리워하게 되었습니다. 자유롭고 싶은 마음과 어딘가에 소속되고 싶은 마음 사이의 갈등은 사라지지 않았나 봅니다. 할 수 있다면 공무원으로 들어가고 싶었습니다. 사실 제가 대학을 졸업하던 1993년에는 대기업과 정부투자기관 공채가 공무원 시험보다 더 인기가 있었습니다. 그러나 지금은 안정적이고 연금 혜택 등이 있는 공무원을 더 선호합니다. 공무원 시험에 나이 제한이 없는 것도 저의 호기심을 자극했습니다. 물론 아내는 "하고 싶은 일을 하고 싶어 회사를 나왔는데, 왜 조직생활로 다시 들어가려 하느냐?"라며 반대를 했습니다. 공무원 공부를 시작하면 합격할 수 있을 거라는 자신이 있기도 했지만, 그때까지 제가 가야 할 새로운 길을 개척하지 못한 결과였습니다.

지방직 공무원 시험을 준비하기로 마음을 먹었습니다. 제가 합격하면 근무 가능한 통신직과 전산직 중에서 전공과목 공부가 쉬울 것 같은 전산직을 선택했습니다. 시험과목은 국어, 영어, 한국사, 전산학개론, 정보보호론 등 다섯 과목이었습니다. 한국사와 전공 2개 과목은 인터넷 강의를 들어보니 해볼 만했습니다. 그러나 국어, 영어가 발목을 잡았습니다. 새롭게 배우는 국어 문법은 방대하고 어려웠습니다. 학창시절부터 영어 실력이 좋지 못하다는 사실도 새삼 떠올렸습니다. 제 삶 가운데서 항상 발목을 잡았던 영어가 다시 걸림돌이 되었습니다.

영어는 단기간으로 점수가 나오지 못합니다. 그저 오랜만에 새롭게 공부를 한다는 기분에 취해서 시작을 한 것입니다. 다행인지 불행인지 모르지만 그해 제가 지원을 하려던 지역의 모집 공고에 전산직이 없었습니다. 아마 시험을 봤더라도 합격을 못 했을 건데, 다행이었습니다.

다음 해는 공무원 경력 채용과 민간 경력자 채용 등에 응시해 다시 공직생활로 들어가려 했습니다. 자격증과 학위를 가지고 있어서 1차 서류심사는 쉽게 합격을 했습니다. 3배수를 뽑은 합격자를 대상으로 하는 최종 면접에서 6번이나 낙방을 했습니다. 면접을 보면 분위기와 느낌이 있어서 충분히 합격을 할 거라 예상했지만 그렇게 되지 않았습니다.

낙방한 이유를 곰곰이 생각해보았습니다. 자격과 근무 경력은 되지만 해당 직종에 근무한 적격 경력자가 아니었을 수 있습니다. 아내에게 핀잔을 받아가며 했던 공무원 도전은 이렇게 실패로 막을 내렸습니다. 그래도 해보았기에 후회는 없습니다. 도전을 안 해보았더라면 '그때 한번 도전해볼걸' 하고 후회를 했을지도 모를 일입니다.

출근과 퇴근 시간에서 벗어나 자유로움을 얻기 위해 회사를 나왔지만 다시 조직의 통제된 시간 속으로 들어가려 했던 저는 무엇을 바랐던 걸까요? 그것은 조직이 주는 튼튼한 갑옷이었을 겁니다. 조직이 만들어 놓은 틀에 다시 들어가고 싶었나 봅니다. 조직의 룰에 길들여져서 시키는 대로 하면 월급을 받았던 그 시절을 그리워했나 봅니다.

> "그 친구는 회사를 나와서 적지 않은 나이에 그 어렵다는 공무원 시험공부를
> 해서 합격했다네."

이런 이야기도 듣고 싶었을지 모릅니다. 지금 생각해보면 부질없지만 충분히 가치 있는 좋은 경험이었습니다.

지금까지 걸어온 익숙한 길을 가고자 했습니다. 익숙하지 않은 삶에 불안해하고 초조해했습니다. 제가 가야 할 길을 개척하기보다는 편안한 길을 가고자 했습니다. 긴 시간의 시행착오를 겪으면서 제가 퇴직한 이유를 다시 되새기게 되었습니다. 앞으로 나아가야 할 길은 포트폴리오^{프리랜서, 파트타임} 인생임을 다시 깨닫게 되었습니다. 젊은 세대들에게 길을 비켜줘야 했습니다. 제가 해야 할 일은 젊은 세대와 경쟁을 하는 '레드오션'의 길이 아니었습니다.

지금 생각하면 늦었지만 잘한 결정이었습니다. 만약 합격하고 조직생활을 시작했다면 또 그 조직에서 나오기를 바라면서 근무하고 있었을 것입니다. 다행히 그때 다른 길을 선택했기에 지금 이렇게 제가 하고 싶은 일을 하고 있습니다.

> "변하라, 나를 구원할 수 있는 건 나뿐이다."

자기경영 전문가 구본형은 첫 번째 책인『익숙한 것과의 결별』에서 이렇게 이야기하고 있습니다. 어떤 사람이든 변화는 두렵습니다. 익숙함이 주는 기득권을 포기해야 하기 때문입니다. 그러나 누구나 변화는 하고 싶습니다. 변화는 나로부터 시작하고 익숙함과의 이별에서부터 먼저 실천되어야 합니다.

이제 퇴직한 지 4년이 지나가고 있습니다. 이 책에서 '저의 퇴직 이야기'를 다 쓰고 나면 더 이상 제가 퇴직을 했다는 생각을 하지 않으려 합니다. 저는 이미 새로운 일을 하고 있고, 새로운 길을 가고 있습니다. 퇴직은 긴 인생의 여정 중에 잠시 멈추어서 목이 마르면 물을 마시고 세수도 하고 옷매무새도 고치면서 쉬어가는 쉼터가 될 수 있습니다.

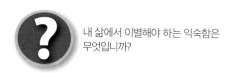

내 삶에서 이별해야 하는 익숙함은
무엇입니까?

구원투수의 대결이
시작된다

　야구에서 선발투수는 경기 시작 때부터 상대 팀을 제압해야 하기 때문에 팀의 투수들 중에서 가장 컨디션이 좋고 실력이 뛰어난 선수가 출전하게 됩니다. 1980년대 프로야구 초창기에는 구원투수의 역할이 크지 않았고 선발투수가 한 경기를 끝까지 책임지는 경우가 많았기에 선발투수의 역할이 매우 중요했습니다. 그러나 최근에는 구원불펜투수들의 중요성이 부각되고 있고, 투수의 역할이 전문화, 분업화가 되고 있는 추세입니다.

　야구는 인생과 닮았습니다. 9이닝의 경기와 90세 인생을 비교하면 1이닝은 1~10세, 2이닝은 11~20세 그리고 9이닝은 81~90세로 계산할 수 있습니다. 야구 경기에서 수비는 전체 선수가 해야 하지만 공격은 자기 순서가 아니면 잠깐 휴식을 취할 수 있습니다. 아울러 다음 이닝을 준비하며 전략을 짜는 시간으로 사용할 수도 있습니다. 특히 5이닝의 공격과 수비가 끝나면 클리닝 타임이 주어지는데, 그 시간에는 그라운드를 정비하고 주전과 후보 선수들이 모두 나와서 몸을 풀며 6이닝 이후에 펼쳐질 경기를 준비합니다. 축구 경기와 같이 전반전, 하프타임, 후반전으로 나눈다면 6이닝부터는 후반전이라 할 수 있습니다.

좋은 선발투수의 조건은 최소한 5이닝 이상 상대 타자들의 공격을 최소 실점으로 막는 것입니다. 체력, 빠른 구속, 변화구, 제구력 등을 갖추고 상대를 압도하는 공을 던져야 합니다. 선발투수는 팀의 승리에 가장 중요한 선수임에 틀림이 없습니다.

그러나 100개 이상 공을 던져야 하는 선발투수는 1이닝부터 5이닝 이후까지 같은 구속으로 던질 수가 없습니다. 투수는 점점 지쳐가고, 공의 구위가 떨어집니다. 반면에 타자는 투수의 공에 점점 익숙해져서 안타를 칠 확률이 높아집니다. 그럼에도 선발투수는 마운드에서 버텨내야 합니다. 빨리 선발투수가 무너지면 구원투수들이 남은 이닝을 다 소화하기가 벅차기 때문입니다. 팀에서 아무나 선발투수가 되지는 못하지만, 누군가는 그 역할을 맡아서 팀에 공헌을 해야 합니다.

현대 야구는 선발과 구원 투수를 구분합니다. 선발투수는 5이닝 이상 공을 던져야 승리요건을 갖추게 됩니다. 5이닝을 인생의 나이로 계산하면 50세입니다. 5이닝을 던지고도 투구 수가 많지 않고 체력이 허락한다면 더 던질 수도 있습니다. 그러나 5이닝으로 선발투수의 역할을 마치고 내려온다면 6이닝 이후는 구원투수의 대결이 시작됩니다.

우리들의 인생도 10대, 20대 학창시절에는 사회인이 되기 위해 학교나 학원에서 학위나 자격증 준비를 하고 20대, 30대에는 사회에 진출해 취업하고 결혼해 가정을 이룹니다. 30대, 40대에 사회와 가정을 위해 열심히 자기 역할을 하다 보면 어느새 50세에 이르게 됩니다. 저도 지난해에

50세를 넘었기에 야구 경기로 본다면 5이닝이 끝나고 클리닝 타임을 보내면서 6이닝을 준비하고 있습니다.

야구에서는 선취점을 내는 팀이 이길 확률이 높습니다. 그렇지만 초반에 실점을 해서 경기에 지고 있더라도 의기소침하거나 실망할 필요는 없습니다. 추가 실점을 하지 않고 구원투수들이 상대 팀의 공격을 막아주면 우리 팀의 타자들이 역전할 수 있는 기회가 주어지기 때문입니다. 야구는 언제든지 역전이 가능한 경기입니다.

첫 번째 직장에서 1차 퇴직을 했습니다. 야구 경기로 보면 선발투수의 역할을 끝내고 마운드를 내려와 땀을 닦고 있는 중입니다. 5이닝이 지났고, 현재 득점 상황으로 본다면 동점이라 하겠습니다. 선발투수로서 상대를 압도할 정도로 잘 던지지는 못했지만 그렇다고 큰 실점을 해서 경기를 어렵게 만들지도 않았습니다. 클리닝 타임을 맞아 그라운드를 정비하고 있습니다. 전반전을 뛰었던 주전선수들은 물을 먹으며 잠시 쉬고 있고, 6이닝 이후의 경기를 준비하는 선수들은 구원투수나 교체 선수로 뛰어야 하기에 몸을 풀고 전략을 짜고 있습니다.

6이닝 이후는 구원투수의 대결이 시작될 것입니다. 감독의 시선으로 선수들을 바라보며 여러 투수들 중에서 구원투수를 선택해야 합니다. 현재 경기를 이기고 있다면 지금의 분위기를 이어나가며 점수를 지킬 수 있는 작전을 세울 것이고, 만약에 지고 있다면 무리를 해서라도 판세를 뒤집어 역전을 시킬 수 있는 전략을 짜야 할 것입니다. 팀의 승리를 위해 공헌하는 선수는 선발투수만이 아닙니다. 4번 타자로 홈런을 쳤다고 가장 많은 공헌을 하는 것도 아닙니다. 이름은 알려지지 않았지만 수비수로 대타로 대주자로 구원투수로 팀의 승리를 위해서 도움을 줄 수 있는 여러 가지 역할과 위치가 있습니다.

퇴직 후 인생 후반전을 맞이하는 선수는, 팀의 승리에 도움이 된다면 희생번트도 할 수 있다는 각오가 필요합니다. '무등산 폭격기'라는 별명으로 한국과 일본을 평정했던 선동렬 선수도 나이가 들어서 선발투수의 역할을 수행하기 어려워지자 구원과 마무리 투수로 보직을 바꾸었습니다.

구원투수의 역할은 중간 계투와 마무리로 나누어집니다. 특정 타자만을 상대하기 위해 등판하는 투수를 '원 포인트 릴리프'one point relief라고 부르기도 합니다. 구원불펜투수는 짧게는 한 선수만을 상대하기도 하고 길게는 1~2이닝을 던지기에 온힘을 다해 전력투구를 합니다. 빠른 구속과 상대가 예상하지 못한 변화구로 6이닝 이후의 실점을 막아야 하는 역할을 부여받습니다.

첫 번째 직장에서 1차 퇴직을 한 사람들은, 야구로 보면 구원투수로 보직을 변경해야 합니다. 구원투수가 해야 할 역할을 인식하고 그에 맞는 훈련도 해야 하고 마음가짐도 가져야 합니다. 선발투수의 임무를 마치고 마운드를 내려왔다고 생산적인 삶에서의 은퇴를 의미하지는 않습니다. 6이닝 이후에 경기가 역전될 수 있는 기회는 얼마든지 있습니다. 아직은 긴장을 풀지 말고 경기에 집중을 해야 합니다.

야구는 27개9이닝×3아웃의 아웃을 잡아야 경기가 끝납니다. 90세 인생을 살아야 하는 우리의 인생과 같습니다. 선발투수의 임무를 마치고 마운드를 내려왔지만 벤치에서 응원하면서 경기를 지켜볼 수는 없습니다. 아직은 후보가 아닌 주전 선수로 뛰어야 합니다.

후반전으로 갈수록 야구는 한 번의 찬스에서 승패가 갈리는 경우가 많아집니다. 작은 실수 하나가 역전의 발판이 될 수 있습니다. "늙은 노새가 힘은 없어도 가는 길은 잘 안다"라는 말이 있습니다. 그래서 불펜 투수는 경험이 많은 선수들을 주로 기용합니다. 젊은 선수들을 체력적으로 이길 수는 없습니다. 그러나 상대 타자를 이길 수 있는 차별화되는 나만의 주무기가 있으면 상황이 달라집니다. 빠른 볼, 커브, 제구력, 왼손 타자에 강한 투수, 오른손 타자에 강한 투수 등 상대 타자를 제압해 무실점으로 막는 자기만의 무기가 있어야 합니다.

전체 경기의 흐름을 볼 수 있는 시야와 실력을 겸비한 선수라면, 승리가 간절한 감독 입장에서는 출전시킬 수밖에 없을 것입니다. 주무기는 빨리 만들수록 좋습니다. 선발투수일 때 갈고 닦아 만들어놓으면 구원투수로 역할이 달라졌다 하더라도 충분히 팀에 보탬이 될 것입니다.

6이닝부터 후반전 경기가 본격적으로 시작됩니다. 투수의 역할로 본다면 선발투수가 아닌 구원투수로, 타자의 역할로 본다면 대타, 대수비, 대주자로 당당하게 뛸 수 있어야 합니다. 치열한 승부가 펼쳐지는 후반전, 경기의 주도권을 좌우할 수 있는 순간에 감독이 선택할 수 있는 선수가 되어야 합니다. 상대 팀에 결정적인 한 방을 날릴 수 있는 당신의 '주무기'는 무엇입니까?

 경기 후반전에 불펜투수로 기용되어 상대 타자를 제압할 수 있는 당신의 주무기는 무엇입니까?

제 3 부

퇴직 후
비로소
보이는 것들

퇴직 후의 삶을 대하는
다른 자세

국내에서 다섯 손가락 안에 드는 건설회사를 다니던 친구 M은 제가 퇴직하기 1년 전, 본인이 원하지 않는 퇴직을 했습니다.

"차장님! 이번에 회사를 위해 사직을 해야겠습니다."

친구는 12월 마지막 날을 며칠 남기지 않은 어느 날, 퇴근 후 동료들과 저녁식사를 하는 도중에 인사부서로부터 전화를 받았습니다. 퇴직을 전혀 생각하지 않았던 친구는 전화로 들은 말이 믿어지지가 않았다고 합니다. 다음 날 '회사가 나를 필요로 하지 않는다면 나가줘야지' 그렇게 굳게 마음먹고 회사 문을 나왔다고 합니다. 그런데 퇴직한 다음 날부터 '회사를 위해 가정도 뒤로 미루고 나의 모든 걸 바쳐서 일했는데 회사가 나에게 어떻게 이럴 수 있지?'라는 생각에 몸을 씻지도 못하고 일주일 동안 이불 속에서 나올 수가 없었다고 합니다.

"왜…… 하필이면 나야?" 아마도 앤디 앤드루스가 지은 『폰더 씨의 위대한 하루』에서 마흔여섯에 실직을 한 폰더 씨가 배신감과 절망감에 사로잡혀 소리친 말과 같은 심정이었을 거라 생각합니다.

친구는 대학을 졸업하고 입사해 회사일에 삶의 최우선 순위를 두며 누구보다 열심히 일했습니다. 그런 회사로부터 버려졌다는 생각에 퇴직 후 거의 1년 동안 배신감과 분노로 아무 일도 시작하지 못했습니다. 그 분노 안에는 퇴직을 예상하고 미리 준비하지 못한 자신에 대한 분노도 포함되어 있었습니다. 연말에 선배들이 퇴직 권고를 받고 짐을 싸 떠날 때도 '나는 아니겠지'라는 생각으로 근무를 해왔던 것입니다.

'그래, 몇 년 빨리 나왔다고 생각하자, 두 번째 인생을 더 빨리 시작할 수 있는 좋은 기회가 주어졌다고 생각하자.'

친구 M은 퇴직한 지 1년이 지난 후, 6개월 동안 주변의 모든 산을 오르면서 분노를 가라앉히고 마음을 가다듬었다고 합니다. 이렇게 많은 사람들이 첫 번째 퇴직 후 분노와 상실감 그리고 절망감으로 혼란을 겪다가 점차 현실을 받아들이게 됩니다.

퇴직 후 5년이 지난 지금 그 친구는 전에 다니던 회사의 자회사에 재취업을 해 건축현장에서 일을 하고 있습니다. 하지만 아직도 그 친구는 어려움을 겪고 있습니다. 마음은 변화를 따라가려 하는데 아직도 몸은 과거에 다니던 회사의 분위기와 자신이 해오던 역할에 익숙한 채로 남아 있다고 합니다. 현재 회사의 부족한 복지여건과 업무환경을 전에 다니던 회사와 계속 비교를 하게 된다고 합니다.

그런 이유 때문인지 지인들 중에는 퇴직을 했지만 '왕년의 나'를 생각하며 전에 다니던 회사 주위를 맴도는 분들이 있습니다. 아직까지 재직 중인 동료나 직원들과 연락을 하며 오래된 추억을 안줏거리로 술자리를 함께하곤 합니다. 그런데 왠지 그 모습이 편하게 보이지는 않습니다.

퇴직을 하고 두 번째 인생을 살아가고 있는 분들을 많이 만나게 되는데, 퇴직 이후의 삶을 대하는 자세는 몇 가지 부류로 나뉩니다.

첫 번째 부류는 퇴직 후의 삶은 여생餘生이기에 더 이상 일을 하지 않고 쉬어야 한다는 생각을 가진 분들입니다. 주로 정년퇴직을 하신 분들인데, 연금으로 안정적인 인생 후반전을 보냅니다. 인생은 1막만 있다고 생각했기에 하던 일을 줄여가며 퇴직을 종착지로 맞추고 브레이크를 밟으며 살아온 분들입니다. 문화센터 등에서 교육을 받으며 취미 생활을 즐깁니다. 겉으로는 평화롭고 즐거운 모습입니다. 그러나 이분들도 마음속의 이야기를 들어보면 돈과 시간은 있는데 뭔가 생산적이고 의미 있는 일이 없다고 아쉬움을 토로합니다.

두 번째 부류는 막연히 어떻게 되겠지 하는 분들입니다. 특별한 준비 없이 분위기에 휩쓸려 퇴직을 했고, 길게는 8개월¹⁰년 이상 고용보험 가입, 50세 이상 동안 실업급여를 받으면서 천천히 생각해보겠다고 하는 분들입니다. 그러나 울타리가 있는 회사에서만 생활하던 분들에게 하이에나가 우글거리는 회사 밖의 세상은 그렇게 만만한 곳이 아닙니다. 그래서 늦게나마 퇴직 후의 자기 상황을 깨닫고 실업급여를 받는 시기가 지나가기 전에 여러 사람들을 만나서 퇴직과 새로운 삶의 출발을 알리는 분들도 있습니다.

나는 **퇴직**을 **미**루지 **않**기로 했다

그러나 늦게 시작을 하다 보니 시행착오는 감수를 해야 합니다. 두 번째 인생을 시작하려는 분야의 자격증이나 학위 등을 취득하고 발 빠르게 움직여도 회사 재직 중에 준비가 없었기 때문에 먼저 준비하고 나온 분들에 비해 적응 시간이 걸리고 새로운 일을 찾기가 쉽지 않기 때문입니다.

마지막 세 번째 부류는 퇴직 후의 두 번째 인생을 회사 재직 시에 미리 준비하고 나온 분들입니다. 이들은 각종 자격증이나 학위 그리고 이전 회사의 근무 경력을 가지고 이직을 하거나 새로운 일을 시작합니다. 또는 개인적으로 밖에서 통하는 무기를 회사 재직 시에 준비를 해둔 분들입니다. 이 부류의 사람들은 자기가 하고 싶었던 일이 곧 직업이 되는 일을 찾아 포트폴리오 인생의 길을 갈 수 있습니다.

저는 세 번째 부류에 속하기를 원합니다. 현재 저는 미리 준비했던 자격증을 가지고 엔지니어링 회사에서 건축물 공사의 통신 분야 감리를 하고 있습니다. 회사에서 강사로 활동한 경력을 가지고 사회공헌재단에서 초·중·고등학생들을 대상으로 '스마트폰 중독 예방'과 '개인정보보호 교육'을 담당하는 강사로 활동 중입니다. 또한 10년 전부터 꿈으로 간직하고 있었던 책을 쓰고 있습니다. 이 책이 출간되면 저는 이 분야의 브랜드를 가지게 될 것이고, 일의 포트폴리오는 더욱 확장될 것이라 믿습니다.

제가 퇴직을 한 것은 지금까지 삶을 살아오는 중에 가장 위대한 선택이었다고 생각합니다. 퇴직은 자신을 돌아보고 새로운 자신으로 변화하기 위한 기회입니다. 지금까지는 안전한 트랙 위를 정신없이 달리면서 자신을 돌아볼 겨를이 없었지만, 이제라도 자신을 똑바로 바라볼 수 있어야 합니다. 또한 옆도 바라보고 뒤도 쳐다보는 여유를 가질 수 있는 기회

이기도 합니다.

회사는 직원들이 자신을 희생하며 열심히 일한 노력과 성과들을 까마득히 잊어버릴 수 있습니다. 흔히 구조조정을 하는 회사가 내세우는 '경영상의 이유'면 모든 것이 해결됩니다. 그래서 직장인들은 회사의 만성 고질병인 '변심'과 '기억상실증'에 대비해야 합니다. 회사를 너무 사랑하는 직장인들에게는 믿어지지 않겠지만, 빨리 깨닫고 준비해야 합니다. 이 사실을 받아들이는 직원과 아직 인지하지 못하는 직원은 재직 시 근무하는 자세가 달라질 것입니다.

저는 자발적인 퇴직을 선택했습니다. 물론 정확한 시기까지는 아니었지만 비슷한 시점을 예측하고 있었습니다. 그래서 친구 M이 퇴직 후에 겪었던 배신감과 상실감은 없었습니다. 대신 퇴직 후의 불확실한 미래에 대한 불안감이 있었습니다. 아무리 사전에 준비를 했더라도 퇴직 후의 삶은 새로운 인생의 시작이기에 적응하고 새롭게 개척해 나갈 시간이 필요합니다.

첫 번째 인생을 위해 우리는 초등학교, 중학교, 고등학교, 대학교 교육까지 받고도 어학이나 기타 자격증 등을 취득하기 위해 사설학원에서 공부를 합니다. 그만큼 많은 시간과 열정을 투자합니다. 퇴직 후의 두 번째 인생에 대해서도 현재의 위치에서 최소한 5년 후의 어떤 날을 설정하고 치열하게 계획과 전략을 세워 준비를 해야 합니다. 이제 100세 시대를 맞이해 두 번째, 세 번째 인생은 선택이 아니라 필수가 되었기 때문입니다.

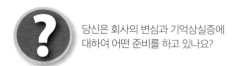
당신은 회사의 변심과 기억상실증에
대하여 어떤 준비를 하고 있나요?

회사를 나와서 비로소
알게 된 것들

"지금도 회사 직원인 것 같은 기분이 들지? 3년 정도 지나야 그 마음이 없어
질 거야."

퇴직을 한 후에도 회사 로고가 붙은 작업차를 보면 가슴이 두근거리
고, 회사 이야기가 나오면 관심을 갖게 된다는 제 말을 듣고 5년 먼저 퇴직
한 선배가 해준 말입니다. 그 선배 말대로 거의 3년이 지난 후에야 저는 회
사와 연인 관계에서 부담 없이 지내는 친구 사이가 되었습니다.

퇴직을 신청하려 한다는 제 말을 듣고 친한 동료들이 걱정 어린 눈빛
으로 물어보면 저는 "내가 야구를 좋아하는데, 내가 응원하는 팀과 우리
회사 팀 중에 어느 팀을 응원할까 걱정되어 퇴직한다"라고 농담 삼아 얘
기하곤 했습니다. KT는 제가 퇴직한 다음 해인 2015년부터 프로야구를
시작했습니다. 그렇지만 지금도 제가 응원하는 팀을 계속 응원하는 것을
보면 회사와 정말 편한 친구 사이가 된 것 같습니다.

회사라는 테두리 안에서 조직원으로 살 때는 보이지 않던 것이 회사를 나와 보니 보이는 것이 몇 가지가 있습니다. 아쉬움이 남는 것도 있고, 지금 회사를 다니는 분들과 나누고 싶은 이야기도 있습니다.

첫 번째로 회사를 나와서 비로소 알게 된 것은, '지금의 나'를 있게 해준 고마운 곳이라는 사실입니다. 회사를 다니면서 결혼을 했고 행복한 가정을 이루었습니다. 월급을 받아 재정적인 도움도 받았습니다. 회사를 다닐 때는 회사의 좋은 점보다 나쁜 점이 더 많이 보이는 게 사실입니다. 조직생활에서 받는 스트레스와 업무 부담 등으로 힘들어합니다. 하지만 회사는 가족과 함께 안정적이고 행복한 삶을 영위하게 해주는 고마운 곳이었습니다.

두 번째로 깨닫게 된 것은 정보통신 전문가로 성장시켜준 곳이라는 사실입니다. 학부에서 전공하지 않았던 첨단 ICT^{정보통신기술} 업무를 배우는 기회를 얻었습니다. 정보통신 분야는 제 관심과 적성에 맞았습니다. 제가 수행하는 업무가 고객 만족으로 돌아올 때는 직장생활의 보람을 느낄 수 있었습니다. 또한 업무 수행에 도움이 되도록 관심을 가지고 정보통신 관련 분야를 계속 학습한 결과 정보통신기술사 자격증과 정보통신 공학 박사 학위를 취득할 수 있었습니다. 결과적으로 회사는 전문지식을 가지고 근무하는 직원을 얻을 수 있었고, 저는 회사와 동료들에게 인정받으며 근무를 할 수 있었습니다. 그리고 퇴직 후에는 인생 후반전의 '주무기'를 가질 수 있게 되었습니다.

세 번째는 여러 가지 업무를 수행하면서 다양한 분야에서 실무 경험을 할 수 있었습니다. 시내외 전자교환기 운용, 신호중계교환기 운용, 경영

혁신, 경영 지원, 기업 고객 네트워크 운용 및 기술 컨설팅, 무선국 업무 등 직장인이 아니었으면 해보지 못했을 여러 업무를 경험했습니다. 교환기 운용 업무를 할 때는 밤과 낮, 휴일과 평일을 바꿔가며 교대근무를 하기도 했습니다. 기업 고객들을 대면하면서 네트워크 컨설팅을 하기도 했고, 고객 입장에서 상품을 설계하고 홍보해 영업 실적을 올리기도 했습니다.

이렇게 중압감과 스트레스를 받으며 했던 업무가 회사를 나와 보니 다양한 경험과 경력으로 든든한 버팀목이 되고 있습니다. 불안감 대신 무슨 일이든 할 수 있다는 자신감의 동력이 되었습니다.

네 번째는 회사 생활을 하면서 저의 숨겨진 재능을 발견했고, 능력을 발휘할 수 있는 장을 열 수 있었습니다. 근무 14년 차 때였습니다. 서로 맡기 부담스러워하던 식스시그마 BB^{Black Belt} 혁신과제를 수행하게 되었습니다. 프로젝트 팀원들과 함께 장비 고장을 감소시키기 위해 문제점을 찾아 해결했습니다. 기존 방식을 고집하는 현장 직원들을 설득해 개선안을 적용하고 고장을 감소시키는 성과를 올렸습니다. 이후 MBB^{Master Black Belt}로 선정되어 교육을 받고 현장의 혁신 과제들을 지도하고 평가하는 업무를 수행했습니다. 본래 잘 나서지 않는 성격이라 회사에서 맡기지 않았다면 평생 그 일을 해보지 못했을 것입니다. 이후 저는 경영 혁신 전담 부서에서 경영지표, 교육, 예산 등 예상치 않았던 여러 업무를 수행하며 이런 업무도 잘 해낼 수 있다는 능력을 발견하는 계기가 되었습니다.

다섯 번째로, 회사는 저의 강점을 발견할 수 있도록 도와준 곳이었습니다. MBB 업무를 수행하던 중 기업문화를 전파하는 컬처 리더에 응모해 강사로 선발되었습니다. 'ACTION' 기업문화를 현장으로 찾아가 강의하고 현장 직원들을 위로하는 행사를 진행했습니다. 저는 학창시절부터 남들 앞에서 발표하기를 어려워하는 학생이었습니다. 그러던 제가 어느 순간 그 일을 즐기면서 보람 있는 일로 여기고 있는 걸 발견하게 되었습니다.

당시 컬처 리더 세미나에서 '15분 스피치' 기회를 얻었는데, 그날 이후 제 인생의 '터닝 포인트'를 맞이하게 되었습니다.

> "저는 못합니다. 제가 어떻게 남들 앞에서, 그것도 컬처 리더들 앞에서 발표를 할 수 있겠습니까?"

그러나 결국 저는 전국에서 모인 100여 명의 컬처 리더들 앞에서 '내 인생의 하프타임'이라는 제목으로 발표를 하게 되었습니다. 제가 어떻게 발표자로 선정되었는지는 지금도 모르지만, 이 자리를 빌려 '보이지 않는 손'에게 감사를 드립니다. 그날 이후 남들 앞에서 강의하는 일에 대한 두려움을 떨칠 수 있었습니다. 지금도 제가 학습하고 고민한 자료를 통하여 다른 사람에게 도움을 줄 수 있는 일에 큰 의미를 부여하고 살고 있습니다.

여섯 번째로 회사는 많은 사람들과 인간관계를 맺을 수 있는 곳이었습니다. 아니, 인간관계를 넓힐 수 있는 곳이었습니다. 회사 내에는 여러 가지 다른 성격과 취미를 가진 직원들이 있습니다. 업무적·개인적인 요인으로 관계에 문제가 생길 수 있지만, 화해하고 화합하고 협력하며 갈등을 해소할 수 있습니다. 퇴직 후에는 나이와 달라진 신분으로 새로운 만남이 쉽지 않지만 회사를 다니는 동안에는 같은 회사라는 동질감이 있

나는 **퇴직을 미루지 않**기로 했다

기에 나이를 떠나 인생 후반전에도 쭉 이어질 수 있는 인생 친구를 만들 수 있습니다.

일곱 번째는, 회사는 업무 능력을 키울 수 있는 곳이었습니다. 신입사원 교육부터 시작해 업무관련 교육, 승진 교육, 업무전환 교육 등 회사는 직원의 업무 능력을 키우기 위해 많은 투자를 합니다. 이를 실제로 돈으로 환산하면 상당히 비싼 비용입니다. 사실 교육을 좋아하는 직원은 거의 없지만, 회사를 나와서 보면 그런 기회들을 놓치지 않아야 한다는 걸 절실히 알게 됩니다. 자기 업무에 지장이 없는 한 찾아다니면서 교육을 받아야 합니다. 회사 재직 시에 받고 싶은 분야의 교육을 다 받고 나오길 바랍니다. 회사를 나오면 비싸서 받을 수도 없을뿐더러 기회가 주어지지도 않습니다.

또한 회사는 컴퓨터 업무 능력을 키워주는 곳입니다. 작은 규모의 회사로 이직하거나 프리랜서로 일을 하게 되면 컴퓨터 활용능력이 떨어지고 배울 수 있는 기회가 줄어듭니다. 회사 재직 시에 컴퓨터와 문서 활용 능력을 키워야 합니다. 회사는 기본적인 컴퓨터 사용법과 워드한글, MS워드, 스프레드시트엑셀, 프레젠테이션파워포인트, Prezi 프로그램을 배우고 응용능력을 경험할 수 있는 공간입니다. 인생 후반전을 살아가는 데 필수적인 요소입니다.

마지막으로 회사를 나와서 비로소 알게 된 것은, 정이 뚝 떨어져서 자신이 떠난 뒤 회사가 곧 망해버렸으면 좋겠다고 생각하는 경우도 있겠지만 다녔던 회사는 계속 성장하고 발전해야 한다는 것입니다. 회사를 나온 직후에는 다른 사람들에게 명함 대신 "○○○○ 회사에서 ○○년 근무하고 퇴직했습니다"라고 말합니다. 그런데, 그 회사가 망해버린다면 내게도 좋을 일이 없습니다. 퇴직자는 전에 다니던 회사의 이미지를 평생 가지고 다닌다고 해도 과언이 아닙니다.

저는 퇴직 후 회사에서 인정한 경력증명서에 직인이 찍힌 세부 근무 경력을 가지고 '정보통신공사협회'에 제출해 경력을 갱신했습니다. 결국 다니던 회사의 이름으로 퇴직 후의 최초 증명서를 만든 셈입니다. 퇴직 후에 다니던 회사가 없어진 한 지인이 그 회사를 다녔다는 증명서류를 만들기 위해 동분서주하던 모습을 본 기억이 납니다.

'상상일이'常想一二. 타이완의 문인인 '린친센'에게 친구가 서재에 걸어두고 음미할 좋은 글을 부탁했을 때 써주었던 글입니다. '늘 한두 가지를 생각한다'라는 말입니다. 풀이하자면 '세상에 뜻대로 되지 않는 것이 열에 여덟이나 아홉이지만, 뜻대로 되는 기분 좋은 일 하나, 둘을 늘 생각하고 넓혀 나가라' 하는 뜻입니다.

회사를 다니는 동안 기분 좋은 일이나 하고 싶은 일을 한두 가지는 가슴에 품길 바랍니다. 산더미 같은 업무와 달성하기 어려운 목표 때문에 스트레스를 받고 있습니까? 그렇다면 사무실 밖에 나가서 하늘을 한번 쳐다보기 바랍니다. 그리고 회사 생활을 하면서 나를 기분 좋게 하는 일을 한두 가지 생각해보기 바랍니다. 없다고요? 그럼 꼭 찾길 바랍니다.

바라지 않는 일과 상황으로 불평과 불만이 쌓여가고 있습니까? 이렇게 생각해보면 어떨까요? '이 일을 하면서 나의 업무 능력을 키울 수 있는 좋은 기회를 얻은 거야!' 월급 때문에 어쩔 수 없이 일을 하는 것이 아니라 나의 강점을 찾고 나의 능력을 보여주고 재능을 키울 수 있는 기회라고 생각하는 것입니다. 이렇게 회사 생활을 하면 훗날 퇴직해서 회사 밖으로 나가더라도 지난날을 되돌아보면서 후회하지 않고 이렇게 말할 수 있을 것입니다.

"지금 생각해보니 회사는 나에게 참 고마운 곳이었네."

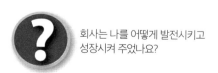
회사는 나를 어떻게 발전시키고
성장시켜 주었나요?

'나다운 나'는 누구인가?

책을 쓰면서 저 자신에 대해 더 알고 싶었습니다. 꼭지 글들의 내용 중에도 '나다운 나' '진짜 나' '현재의 나' 등 나를 먼저 알아야 한다는 이야기가 많이 나옵니다. 퇴직을 위해서 준비해야 하는 것 가운데 첫 번째가 나를 알아야 하는 것이라고 적었습니다. 그래서 본격적으로 저에 대해서 더 심층적으로 알아보려 합니다.

나를 알기 위해서는 어떻게 해야 할까요? 막상 이 지점에서 며칠을 고민했습니다. 심리검사나 성격검사를 한 결과가 있기는 합니다. 그러나 검사 결과를 가지고 해석을 해야 하기에 시간이 걸립니다. 그래서 제가 잘하는 것_{장점, 능력}과 잘 못하는 것, 제가 좋아하는 것_{관심}과 좋아하지 않는 것을 적어보기로 했습니다.

저를 아는 것은 어려운 일입니다. 제가 저 자신을 속일 수도 있기 때문입니다. 그렇지만 최대한 솔직히 써 보려 했습니다.

유년시절 저는 몸이 허약했습니다. 열이 오르면 39도가 넘었고, 약을 먹어도 열이 떨어지지 않아서 어머니가 새벽에도 저를 등에 업고 응급실을 자주 갔다고 합니다. 그래서 초등학교 다닐 때 학교가 끝난 뒤 병원에 가서 간호사에게 양쪽 엉덩이를 번갈아 내주며 주사를 맞고 온 기억이 생생합니다. 초등학교 2학년 신체검사에서는 19.5kg으로 반에서 몸무게가 가장 적었습니다.

저는 내성적이고 조용한 성격이었습니다. 특히, 여자 친구들에게 말을 잘 하지 못했습니다. 지금도 처음 만나는 사람들에게는 말을 잘 못합니다. 그래서 초등학교 때 여자 친구들과 아옹다옹한 추억이 거의 없습니다. 청소년기에도 60~70여 명의 남자들이 득실대는 밀림과 같은 교실에서 조용히 제가 해야 할 일을 하는 그런 학생이었습니다.

학창시절에는 수학, 과학보다는 사회와 역사가 더 재미있었습니다. 그러나 이과와 문과를 결정해야 하는 고등학교 1학년 2학기에 이과를 가야 대학에 진학할 학과도 많고 취업도 잘 된다는 선생님들의 말씀을 듣고 이과를 선택했습니다. 그렇게 저의 이과理科 인생이 시작되었습니다. 나름 잘한 선택이라 생각했습니다. 그러나 지금의 저를 관찰해보니 이과보다는 문과에 관심이 더 많은 것 같습니다.

대학은 첨단 분야로서 장래가 유망한 무기재료공학과를 선택했습니다. 전망이 좋은 학과라는 자부심을 가지고 학교를 다녔지만, 선배들이 취업하는 회사는 신소재 분야가 아니라 기존의 제품을 생산하는 유리나 타일 회사였습니다. 저는 진로를 고민했습니다. 1990년대 초에는 정부투자기관이 인기가 높았습니다. 그러던 어느 날, 한국통신지금의 KT이 운명적으로 다가왔습니다. 3학년 2학기 후반부터 공채 시험을 준비했고 4학년 2학기에 합격을 했습니다. 다음 해에 발령을 받아 근무를 시작했고, 지금까지 정보통신인으로 살고 있습니다.

내가 잘하는 것(장점, 강점)

"여보! 나의 장점은 무엇이라고 생각해?"

아내에게 물었습니다.

"당신의 장점은 현실에 안주하지 않고 미래를 준비하는 거야."

그런가? 그게 장점이 될 수 있을까? 어찌 됐든 20년간 저를 가장 가까운 곳에서 지켜본 아내의 느낌을 존중하기로 했습니다. 저의 SNS 프로필 이름은 '5년 후'입니다. 퇴직 전에는 '10년 후'였습니다. 5년 후 나의 모습을 상상하며 현재를 준비하자는 저의 다짐입니다. 현재는 과거에 내가 잘 보낸 시간의 보상이고 잘 못 보낸 시간의 복수라고 했습니다. 마찬가지로 현재를 의미 있게 보내면 멋진 미래가 기다리고 있을 거라 생각하며 주어진 일에 최선을 다하려고 합니다. 그렇다고 미래를 위해서 현재를 희생시키는 것은 아닙니다. 현재 삶에서의 균형이 중요합니다.

두 번째 저의 장점은 간절한 목표가 생기면 포기하지 않고 끝까지 이루어내는 힘입니다. 회사 재직 중에 기관 경영지원 담당 업무를 했습니다. 그해 기관과 개인 업무 평가를 특허 출원 실적으로 한다고 했습니다.

아무리 창의적인 아이디어를 발굴해도 유사한 기존 특허가 검색이 되면 출원이 되지 않습니다. 어렵게 아이디어를 내서 작성한 제안이 심사에서 탈락됐습니다. 저는 포기하지 않았습니다. 새로운 기술을 융합(?)한 내용으로 보완해 선행조사를 의뢰하고, 최종 심사에서 통과되어 특허 출원을 했습니다.

우리 팀과 기관 특허 담당자들이 모여서 날마다 아이디어 회의를 진행하고 창의적 제안을 발굴하는 TF를 구성해 집중 보완한 결과 그해 우리 팀과 기관이 본부의 전체 평가에서 1위를 했습니다. 아울러 제 개인 특허도 출원이 되어 연말에 좋은 인사고과 점수를 받게 되었습니다. 제가 제안한 아이디어가 1차 심사에서 탈락되어 낙심했지만 포기하지 않고 다시 도전한 결과였습니다.

세 번째는 작은 성공의 경험들을 가지고 있습니다. 네 번의 실패에도 포기하지 않고 다섯 번째 도전해 정보통신기술사에 합격한 일^{서른일}_{곱 살} 서른아홉 살에 대학원에 입학해 7년 만에 석사와 박사를 취득하고 졸업한 일 등입니다. 이제는 그 성공의 경험들이 저를 지탱해주는 힘이 되고 있습니다. 거창한 것이 아니더라도 자신만의 작은 성공의 경험은 꼭 필요합니다.

뇌는 게으릅니다. 안 해본 일, 익숙하지 않은 일을 새로 시작하게 되면 뇌는 "해도 안 될 거야, 너는 못할 거야"라고 속삭입니다. 그럴 때는 "그래봐야 소용없어. 난 포기하지 않아. 그러니 어떻게 하면 할 수 있을지 방법을 찾아보는 게 좋을 걸." 이렇게 뇌를 세뇌시킵니다. 저는 이 말을 기억합니다.

'간절하게 바라며 사랑하는 일은 그 일을 이룰 수 있는 방법을 찾고, 사랑하지 않는 일은 그 일을 하지 못할 핑계를 찾는다.'

잘하지 못하는 것

제가 잘하지 못하는 것은 정리입니다. 일반적으로 '정리·정돈을 잘합시다'라고 말합니다. 그런데 정리와 정돈은 서로 다른 말입니다. 사전에도 설명이 비슷하게 나와 있어서 구분이 쉽지 않습니다. 정리는 '필요하지 않은 것은 버리고 필요한 것만 남겨 질서 있게 하는 것'을 말하고, 정돈은 '정리한 후에 찾기 쉽게, 알아보기 쉽게 재배열하는 것'을 말합니다. 저는 정돈은 그런대로 하는데, 정리가 잘 안 됩니다. 예를 들면 책이나 옷, 제가 썼던 물건들을 잘 버리지 못합니다. 반면에 아내는 정리를 잘합니다.

아내에게 다시 물어보았습니다.

"내가 잘하지 못하는 것은 무엇이 있을까?"
"당신은 영화를 중간부터는 보지 못하잖아."
"영화를 처음부터 보는 게 당연한 거 아냐?"
"그렇긴 하지만 중간에 봐도 나는 다 이해가 되는걸?"

저는 영화관에 갈 때, 시작하는 시간 전에 도착하도록 애를 씁니다. 여자와 남자의 다른 점인지는 잘 모르겠지만, 영화를 처음부터 보고 싶습니다. 중간부터 보면 앞에 이야기가 궁금해서 집중하기가 어렵습니다.

좋아하는 것(관심)

제가 좋아하는 것 중 하나는 강의로 다른 사람들에게 도움을 주는 것입니다. 아버지는 어렸을 때부터 "석이는 나중에 커서 교수가 될 거야" 라고 말씀해주셨습니다. 아버지 세대는 교육을 많이 받지 못했기 때문에 자식들에게 많은 교육을 시키려 했고, 교육자를 존경했습니다.

"제가 어떻게 교수가 될 수 있겠어요?"

학창시절의 저에게 교수는 넘볼 수 없는 자리였기에 이렇게 말했습니다. 그때는 별 느낌이 없었지만 크면서 제가 다른 사람을 가르치는 일에 동경심을 가지고 있음을 알게 되었습니다. 그래서 자격증을 따고 서울 소재 기술사 학원에서 강의를 요청받았을 때 흔쾌히 참여했습니다. 토요일 오후 3시간 강의를 위해 고속버스로 왕복 8시간을 이동하는 일은 체력적으로 힘들었습니다. 그렇지만 수강생들에 도움이 될 수 있도록 많은 시간을 준비해 가르치는 것이 즐거웠고 보람을 느꼈습니다.

두 번째로 좋아하는 것은 집과 가족입니다. 저는 밖에서 소모되어 방전된 마음 에너지를 집으로 돌아와서 충전합니다. 아내와 저는 각자 밖의 일이 끝나면 집으로 향합니다. 집에 가면 무엇이 있는 것도 아닌데 집에 오면 편하고 마음이 쉬게 됩니다.

MBTI 성격검사의 첫 번째 항목에는 '외향성과 내향성' 구분이 있습니다. '카를 구스타프 융'에 의해 정의된 마음의 에너지 방향을 말하는 것인데, 외향성extroversion은 에너지가 외부로 향하는 것이며, 내향성introversion

은 에너지가 내부로 향하는 것입니다. 저희 부부는 둘 다 첫 번째 항목에서는 내향성인가 봅니다. 그저 집이라는 공간 때문만은 아닐 것이고, 서로에게 힘이 되는 구성원들이 있기 때문일 것입니다. 아내와 저는 저녁에 퇴근을 하면 하루 동안 회사나 주변에 있었던 이야기를 합니다. 좋았던 이야기, 불편했던 이야기, 상의해야 할 이야기 등을 풀어놓습니다. 서로의 이야기를 들으며 마음을 안아주고 키워주는 지지와 응원의 이야기를 해줍니다. 이렇게 하고 싶은 이야기를 다 하고 나면 더 바랄 게 없는 행복한 마음을 느끼게 됩니다.

세 번째로 좋아하는 건 야구입니다. 다른 취미도 있지만 야구가 제일 재미있습니다. 평균수명이 길어져서 90세를 바라보게 된 것과 9회까지 경기를 진행한다는 것, 9회에 승부가 결정되지 않으면 연장전을 하는 것도 우리의 인생과 비슷한 것 같습니다. 선발투수는 승리투수가 되기 위해 5회 이상 투구를 하며, 이후는 구원투수들의 싸움이 시작됩니다. 한 번의 커리어만으로 끝나는 게 아니라 제2, 제3의 커리어를 준비해야 하는 우리의 인생 후반전과도 닮았습니다. 야구는 규칙이 많고 복잡합니다. 그래서 저는 더 재미가 있습니다. 결혼 전에는 야구를 몰랐던 아내도 지금은 우리 가족이 응원하는 팀이 이기면 함께 소리 지르며 즐거워합니다.

네 번째로 제가 관심이 많은 분야는 인생 후반전을 살아가는 사람들이 인생의 6대 영역일, 가정, 재정, 건강, 관계, 여가에서 삶의 균형을 이루도록 돕는 것입니다. 저는 인생 후반전 관련 강의를 듣거나 책을 읽으면 가슴이 뛰고 더 나은 미래 준비를 위한 저의 그릇이 채워지는 기분을 느낍니다. 앞으로 세상은 인문 분야와 첨단 기술이 융합하는 세상입니다. 중년들이

4차 산업혁명 시대를 맞아 정보통신기술을 이해하고, 잘 적응하고 살 수 있도록 돕는 일도 저의 관심 분야입니다.

좋아하지 않는 것

제가 좋아하지 않는 것은 계획대로 되지 않는 것입니다. 저는 휴가를 맞아서 가족 여행을 갈 때도 먼저 계획을 짭니다. 예를 들어 2박 3일 서울 궁궐과 박물관 투어를 간다고 하면 먼저 여행을 하고자 하는 지역과 가까운 곳에 숙소를 예약합니다. 다음은 교통편과 식당을 알아보고 주변에 가보고 싶은 명소나 핫플레이스 방문 계획을 잡습니다. 그런데 여행을 다니다 보면 일정에 변동이 생깁니다. 그러면 저는 가족에게 계획한 곳을 다 보여주고 싶은 마음에 안절부절못하게 됩니다. 심지어 짜증을 부린 적도 있습니다. 아이들에게 더 많은 것을 경험시켜주고 싶은 욕심이 과했나 봅니다. 그러나 지금은 처음부터 유연하게 계획을 잡고 가족들이 원하는 곳으로 이동을 합니다. 이렇게 하니 저의 마음도 편하고 가족들도 즐거워합니다. 이게 '내려놓음'의 효과인가 봅니다.

토끼와 오리 그리고 다람쥐가 동물학교에 입학을 했습니다. 셋은 한 가지씩 잘하는 것이 있었습니다. 토끼는 발이 빨랐고, 오리는 수영을 잘했고 다람쥐는 나무 오르기를 잘했습니다. 자기 분야에서는 최고였지만 다른 종목도 잘하기 위해서 부족한 종목에 더 투자를 했습니다. 토끼는 달리기 연습을 줄이고 수영과 나무 오르기를 열심히 연습했습니다. 그 결과 수영과 나무 오르기 실력은 조금 나아졌지만 달리기 실력은 보통 수준으로 떨어지고 말았습니다. 오리도 수영 연습을 그만두고 달리기와 나무 오르기를 연습했습니다. 역시 달리기와 나무 오르기 실력은 나아졌지만 자갈길을 달리고 나무를 오르내리느라 물갈퀴가 닳아서 주종목인 수영을 제대로 할 수가 없었습니다. 다람쥐도 나무 오르기 대신 수영과 달리기 연습을 하느라 발톱이 닳아버려서 나중에는 나무 오르기를 그만두어야 했습니다. 미국의 교육학자 R. H 리브스의 '동물학교' 우화를 재정리한 것입니다.

모든 것을 잘할 수는 없습니다. 자신의 강점을 바로 알아야 합니다. 자신이 잘하는 일과 좋아하는 일을 찾아 집중해야 합니다. 나는 별거 아니라고 생각하고 있는 재능이 나의 강점이 될 수 있습니다. 자신을 여러 방면으로 돌려가면서 천천히 바라보는 시간이 필요합니다. 내가 어떤 일을 하고 있을 때 즐겁고 행복한 기분이 드는지 관찰해야 합니다. 누구에게나 왠지 모르지만 자꾸 그 분위기를 만들려 하는 것, 어떤 일을 할 때 마음이 편하고, 기쁘고, 행복한 기분이 드는 일이 있을 것입니다. 바로 그것을 찾아야 합니다. 그 일이 자신이 좋아하고 잘하는 것이 될 확률이 높습니다.

자신과의 대화 시간이 필요합니다. 저는 저녁식사 후 아파트 앞 산책길을 걸으며 저와 대화를 합니다. 아내와 함께해도 좋습니다. 하루 15분 이상은 자신과의 대화 시간을 가져야 합니다. 자신이 누구인지를 아는 것이 자신을 발전시키고 성장시키는 첫걸음입니다.

'나다운 나'는 누구일까요?

나는 **퇴직**을 **미루지** **않**기로 했다

직장 스트레스 비용

　"직장 스트레스는 심하지만 월급은 위대하다!" 직장생활을 하고 있거나 했던 분들은 다 공감할 것입니다. 저도 회사 다닐 때 업무가 잘 풀리고 회사 분위기가 좋을 때는 "내가 이 정도 일을 하면서 이 월급을 받아도 되나?'라고 생각을 한 적이 있었습니다. 반면에 소속된 기관의 성과를 내기 위해서 능력에 한계를 느끼며 힘들게 일할 때는 '그깟 월급 받으려고 이렇게 몸과 마음이 고생을 해야 하나?'라고 생각하기도 했습니다.

　퇴직 후 1년이 지난 즈음에 다니던 회사의 기업문화 워크숍에 초청을 받았습니다. 퇴직한 선배 강사들과의 만남 행사였는데, 현재 회사를 다니고 있는 선·후배 직원들에게 짧지만 제 소개를 할 기회가 있었습니다. 무슨 말을 할까 고민하다가 이런 이야기를 들려줬습니다.

　"밖에 나오니 참 춥습니다. 안에 있을 때 밖에서 입을 외투를 준비하십시오. 여러분이 받는 월급에는 직장생활 스트레스 비용이 포함되어 있습니다. 너무 힘들어하지 마시고 스트레스를 즐기시기 바랍니다."

　대기업이나 큰 조직을 가진 회사에 근무하는 직장인들은 알게 모르게 받는 스트레스가 있습니다. 조직의 이익 앞에서 개인은 너무나 작아지고 맙니다. 우리는 학창시절에는 '공부 스트레스', 취업을 하기 위한 '취업 스트레스', 직장에 들어와서는 '직장 스트레스'를 받으며 살아갑니다. 그렇다면 일생 동안 받는 스트레스에는 무엇이 있을까요?

　『마음 읽는 시간』의 저자 서천석 박사는 스트레스를 "외부 자극에 대한 몸의 반응으로, 새로운 상황이 생기면 기존의 안정 상태는 깨지고 새로운 안정 상태를 만들기 위한 적응과정"이라고 했습니다. 따라서 스트레스를 없게 하려면 어떤 변화도 없어야 합니다. 하지만 그것은 살아있는 것이 아닙니다. 살아가자면 스트레스는 어쩔 수 없이 생기는 것이니 보듬고 가야 합니다. 스트레스에는 좋은 스트레스와 나쁜 스트레스가 있습니다. 당장에는 부담스럽더라도 잘 대응하면 앞으로의 삶이 더 나아질 수 있는 스트레스는 좋은 스트레스이고, 어떤 대처나 적응에도 불구하고 지속되는 스트레스는 불안이나 우울 등의 증상을 일으킬 수 있는 나쁜 스트레스라고 할 수 있습니다.

　시험을 앞두고 열심히 공부해서 아는 문제가 많이 나왔을 거라는 기대감으로 시험장에 들어가 있는 마음이나 철저하게 준비한 보고서 발표를 앞두고 두근거림은 좋은 스트레스입니다. 그렇지만 열심히 했음에도 불합격과 실패를 맛보거나 그런 좋지 않은 결과가 지속될 때 받는 근심과 걱정은 나쁜 스트레스입니다.

그럼 직장인들이 가장 힘들어하는 스트레스는 무엇이 있을까요?

첫 번째는 과도한 업무입니다. 회사는 한 사람이 다 감당할 수 없는 일 처리를 요구합니다. 잘 알지 못하고 해보지 않았던 일도 해내라고 합니다. 일이 많아지니 더 긴장하게 되고, 쉴 시간이 없으니 힘들어지는 것입니다. 하나의 일이 끝나지 않은 상태에서 다른 일을 맡아서 하다 보니 그 일을 제대로 마무리를 했는지도 모를 지경입니다. 회사는 경영상의 이유로 구조조정을 합니다. 대부분의 회사는 감축된 인원이 하던 일까지 남은 직원들이 두세 사람 몫의 일을 맡아 해야 합니다. 그중에도 스트레스를 특히 더 받는 이유 중 하나는 다른 사람이 해야 하는 일까지 내가 하고 있다고 느낄 때입니다. 같은 팀인데도 다른 팀원은 여유 있게 일을 하고 있고 나만 일 폭탄을 맞고 있다고 느낄 때입니다.

두 번째는 내 마음대로 할 수 있는 일이 별로 없기 때문에 생기는 스트레스입니다. 회사 생활은 개인의 시간을 통째로 임대해주고 그 대가로 월급을 받아 생활합니다. 정해진 출근과 퇴근 시간을 지켜야 합니다. 개인적인 일이 생겨도 회사일이 우선입니다. 휴가를 내려 해도 이 눈치 저 눈치 보아야 합니다. 법으로 주어진 연차휴가를 가면서도 왜 이렇게 죄인이 되는 심정인지 모르겠습니다. 급한 일이 발생하더라도 조치 전에 상급자에게 먼저 보고를 해야 하는 일도 많습니다. 그러다 보니 직장인들은 수동적인 사람이 되어갑니다.

세 번째는 인간관계 스트레스입니다. 상사나 동료와의 갈등은 직장생활의 가장 큰 스트레스입니다. 아마도 순위를 매긴다면 일이 많아서 생기는 스트레스보다 사람에 의한 스트레스가 훨씬 높을 것입니다.

저는 시외로 발령을 받아 2년 동안 1시간 30분이 걸리는 거리를 출·퇴근을 했습니다. 당시 제 상사는 제가 다른 직원들보다 늦게 출근하고 빨리 퇴근하는 것에 대해서 업무에 대한 열정이 없다고 지적했습니다. 일처리를 잘하고 못한 걸 가지고 말하는 것이 아니라 제가 어떻게 할 수 없는 출근과 퇴근 시간을 가지고 계속 말을 듣다 보니 정말 견디기 힘들었습니다.

그렇다면 직장생활을 하는 누구에게나 있는 스트레스는 어떻게 대응해야 할까요? 저자는 세 가지 방법을 제시합니다. 첫 번째는 스트레스를 만드는 문제를 해결하는 것, 두 번째는 스트레스를 받는 나와 나의 생각을 바꾸는 것, 세 번째는 스트레스를 만드는 문제를 아예 피하는 것입니다. 운동경기를 예로 들면 경기를 해서 상대를 이기거나, 경기는 하지만 이기려는 마음을 버리거나, 아예 경기를 하지 않는 것입니다. 다른 자료에 나오는 스트레스 해소법들은 대체로 의학적·심리적으로 복잡하지만 서천석 박사의 스트레스 대응법은 스스로가 관리할 수 있는, 쉽고 강력한 해결책이라 생각됩니다.

직장생활 중에 발생하는 스트레스는 당연한 것입니다. '피할 수 없으면 즐겨라'라는 말이 있듯, 스트레스를 잘 파악해서 함께 놀아야 합니다. 견디기 힘들다고 세 번째 방법으로 매번 피할 수만은 없는 일입니다.

그렇다면 어떻게 대응해야 할까요? 첫 번째 방법에 따라 스트레스의 원인을 파악하고 해결하기 위해 정면 대응을 해야 합니다. 일이 너무 많다고 생각되더라도 내 능력으로 해보는 겁니다. 도저히 안 되겠으면 손을 들고 말을 해야 합니다. 업무 분담을 해달라고 말하고, 스트레스를 받게 하는 상사나 동료가 있다면 대면을 하고 관계 개선을 시도해야 합니다. 혼자 끙끙 않고 있다가는 해결되지 않습니다.

두 번째 방법으로는 '그래 나를 능력자로 인정한 거야. 시간이 걸리더라도 내게 주어진 일을 해결해보자' 혹은 '내가 싫어하는 상사의 말도 일리가 있어, 출퇴근 때문에 업무를 소홀히하면 안 되지' 이렇게 생각을 바꿀 수도 있습니다.

대부분의 직장인들은 스트레스에 시달립니다. 스트레스를 해결하려 매달리다 보면 상처는 더 커져만 갑니다. 그러나 스트레스는 꼭 힘들어야만 되는 것은 아닙니다. 인생을 살아가면서 만나는 넘지 못할 장애물이 아니라 극복해야 할 대상일 뿐입니다.

스트레스는 나쁜 것만 있는 것이 아닙니다. 직장에서 하기 싫은 일만 하고 있다고 생각하지만 지금 하고 있는 일이 나중에 나에게 도움을 줄 경력이 된다고 생각하면 즐겁게 일할 수 있습니다. 시키는 일을 하고 있더라도 가슴 설레는 일을 하고 있는 것처럼 마음을 먹으면 나쁜 스트레스를 좋은 스트레스로 바꿀 수 있습니다. 회사를 나와 보니 밖에서는 같은 일을 하더라도 회사에서 받던 월급에 비해 거의 절반 수준을 넘지 못합니다. 현재 자신이 하는 일과 받는 월급을 비교해 보기 바랍니다. 분명히 스트레스 비용이라 생각되는 부분이 있을 것입니다. 그러니 직장생활이 힘들다 생각하지 말고 스트레스를 이기고 극복하기 바랍니다. 우리의 월급에는 이미 스트레스 비용이 포함되어 있으니까요.

가장 힘든 직장 스트레스는 무엇입니까?
그 스트레스는 좋은 스트레스입니까, 나쁜 스트레스입니까?

이게 필살기가
될 줄이야

대학교 3학년 가을이었습니다. 교내식당에서 같은 공과대학을 다니던 고교 동창을 만났습니다. 평소보다 얼굴 표정이 좋아서 그 이유를 물어보니, 당시 취준생들에게 인기가 높은 한국통신에 합격했다고 자랑을 했습니다. 그 친구는 단기로 군복무를 마쳤기에 1년 빨리 취업 시험을 볼 수 있었습니다. 사실 한국통신은 시험 과목이 전공과 달라서 고려 대상이 아니었습니다. 하지만 그 친구 역시 공채 시험 과목과 전공이 달랐습니다.

그날 이후 저의 취업 목표는 한국통신이 되었습니다. 전공과 다른 과목을 학원에서 따로 공부했고 4학년 하반기에 공채 시험에 응시해 합격했습니다.

전공과 다른 회사다 보니 새롭게 배워야 할 것이 많았습니다. 첨단 IT기술을 배우며 일하는 것은 설레고 흥미로웠습니다. 그렇게 근무하다가 통신에 대해 더 많은 것을 알고 싶다는 욕구가 생겼습니다. 그런 시기에 운명적으로 다가온 것이 '정보통신기술사' 자격증이었습니다.

기술사는 우리나라 국가기술자격 제도에서 가장 상위의 자격증입니다. 1차는 논문형 필기시험으로 교시당 100분씩 4교시로 시험을 보고, 2차는 구술형 면접시험을 봅니다. 참고로 '정보통신기술사'는 1년에 2회 시험을 보고 한 번 시험에서 10여 명^{합격률 3~5%}이 최종 합격을 합니다.

처음 공부를 시작했을 때는 어려운 과목이 많고 합격률도 낮아서 포기할까 하는 생각도 했습니다. 공부해야 할 범위가 너무 광범위했고, 객관식에 길들여져 있던 공부 방식에서 논문형 주관식으로 전환을 하려니 적응이 잘 되지 않았습니다. 하지만 퇴근 후 시간을 확보해서 어쨌든 혼자 공부를 해보겠다고 결의를 다졌습니다.

두꺼운 수험서 여러 권을 사서 공부를 시작했는데, 진도가 잘 나가지 않았습니다. 몇 주 동안 공부하다가 책을 덮고, 다시 펴는 일이 반복됐습니다. 직장을 다니면서 공부를 하려니 시간도 넉넉지 않았습니다. 결국 혼자 할 수 있는 일이 아니라는 판단을 하고, 도움을 받을 수 있는 학원을 알아보기로 했습니다.

지방에는 학원이 없어서 서울 소재 학원의 주말반 강좌에 등록을 했습니다. 주말반은 대부분 오전부터 저녁까지 온종일^{오전 9시~ 저녁 6시} 강의를 진행합니다. 그때는 KTX가 없었기에 강의시간에 맞추기 위해서는 새벽 4시 기차를 타야 했습니다. 강의를 받고 집에 돌아오면 다음 날 새벽이었습니다. 제 전공이 아닌 유선, 무선, 방송, 이동, 위성, 홈네트워크, 영상통신 등 통신 전 분야의 기술적인 내용의 강의를 주말마다 8시간 이상씩 들었습니다. 하루 강의 내용은 대학에서 거의 한 학기 동안 배우는 한 과목 분량이었습니다. 오고 가는 여정도 힘들었지만, 더 힘든 것은 온종일 강의를 듣고 일주일 내에 복습을 해야 하는 것이었습니다. 처음 배우는 내용이 많아 이해되지 않는 부분도 있었고, 새벽부터 이동하느라 집중력이 떨어지기도 했습니다. 그리고 평일에는 회사 업무에 매달리느라 수업 내용을 정리도 못한 채 다시 새로운 강의를 들어야 하는 악순환이 계속되었습니다.

그렇게 3~4년이 흘러갔습니다. 반복되는 회사일에 파묻혀서 공부를 잊고 살다가 문득 '맞다, 나에게 꿈이 있었지!'라는 생각이 들면 다시 도전하는 일을 반복했습니다. 서울 학원에 다시 등록해서 수강을 하기도 했지만 큰 효과는 없었습니다.

준비가 안 된 상태에서 시험에 응시를 하기도 했습니다. 첫 번째 시험에서는 40점 초반의 점수를 받았습니다. 기대하지도 않았지만, 당연한 결과였습니다. 대부분의 자격증 시험 커트라인은 평균 60점입니다. 기술사는 1~4교시까지 시험을 보는데, 각 교시당 40점 이하 없이 평균 60점을 넘어야 합니다. 돌파구가 필요했습니다.

월드컵이 열렸던 2002년, 절호의 기회가 찾아왔습니다. 둘째아들이 태어났고 아내는 출산휴가가 끝나자 바로 육아휴직을 신청했습니다. 수없이 좌절했다가 다시 도전하는 과정을 지켜본 아내는 저에게 1년간 자격증 공부에 매진해보라고 권했습니다. 아내가 고마웠습니다. 물론 책임감은 두 배가 되었습니다.

그날 이후 저는 삶의 우선순위를 기술사 공부에 두었습니다. 그러나 혼자서 하는 수험 준비는 똑같은 시행착오를 겪게 했습니다. 다시 학원을 알아보던 중 인터넷으로 강의를 받을 수 있는 학원을 알게 되었습니다. 서울로 올라가야 할 일을 걱정하던 저에게 가뭄의 단비와 같은 소식이었습니다. 바로 신청을 해서 인터넷으로 강의를 들었습니다. 덕분에 서울까지 오가는 시간을 공부에 온전히 투자할 수 있었고, 수업을 반복해서 들을 수 있어서 이해가 되지 않는 부분이 해소가 되었습니다.

논문형 주관식 시험을 풀기 위해서는 해당 기술의 내용을 이해하고 있어야 합니다. 1교시는 10문제를 선택해 문제당 1~1.5페이지, 2~4교시는 4문제를 선택해 문제당 3페이지 정도의 내용을 서술해야 합니다. 1교시는 1문제당 8~10분 안에 서론, 본론, 결론에 들어가야 할 내용을 디자인해서 써야 합니다. 인터넷 강의를 여러 번 들으면서 전체적인 통신 과목에 대한 이해를 높이고 과목들을 넘나들 수 있는 큰 그림을 그릴 수 있었습니다.

인터넷 강의를 들으며 공부를 시작한 지 2개월 후 시험에 응시해 받은 점수는 40점대 후반이었습니다. 아직은 합격과는 먼 점수였습니다. 6개월을 더 공부하며 인고의 시간을 보내야 했습니다. 그러나 시험을 준비하면서 지금까지 해왔던 공부들의 퍼즐이 맞춰지고 있다는 자신감이 차오르고 있는 것을 느낄 수 있었습니다. 세 번째 시험에 응시했습니다. 시험을 나름 잘 보았다는 느낌이 들었습니다. 그러나 결과는 정말 아깝게도 58.9점이었습니다. 할 수만 있다면 시험 출제 기관에 재채점을 의뢰하고 싶은 마음이었습니다. 그러나 59점대로 불합격한 사람들이 있다는 주변 이야기를 듣고 신청을 포기했습니다.

기술사 시험은 필기시험이 끝난 뒤 40여 일이 지나야 채점 결과를 발표합니다. 불합격의 아쉬움을 달래며 전열을 새롭게 갖추고 나면 두 달이 훅 지나갑니다. 그래서 실제 시험 준비는 4개월 정도 하게 됩니다.

네 번째 시험에는 자신이 있었습니다. 이전 시험에서 58.9점을 받았으니 부족했던 부분을 조금만 보완하면 될 거라 생각했습니다. 하지만 그런 생각은 시험장에 들어가서 문제지를 받아든 순간에 확 깨지고 말았습니다. 제가 취약하다고 생각되는 과목에서 여러 문제가 출제된 것입니다. 시험을 보는 중에 다시 6개월 공부를 더 해야겠구나 생각하니 눈물이 날 지경이었습니다. 예상대로 시험 결과는 55점이었습니다. 지난번의 성적을 믿고 방심한 결과였습니다.

이제 아내의 1년 육아휴직 기간도 끝나가고 있었습니다. 목표를 달성하기 위한 공부를 마무리해야 하는 시점이 오고 있었습니다. 다시 6개월 동안 처음 시작한다는 마음으로 부족한 과목을 보완하며 방심하지 않으려 꼼꼼히 준비했습니다. 그렇게 다섯 번째로 응시했습니다.

긴장된 마음으로 1교시 문제지를 받았는데 제가 강점이 있는 과목에서 많이 출제가 되었습니다. 조마조마 설레는 마음으로 실수를 하지 않도록 조심스럽게 답안을 써 내려갔습니다. 2교시, 3교시 그리고 4교시 문제도 막힘 없이 써 내려갈 수 있었습니다. 4교시 답안의 마지막 문장을 쓰고 나니 가슴이 뛰어 견딜 수가 없었습니다.

'아! 이렇게 합격이 되는구나!' 답안을 못 써서 아쉬움이 남는 문제는 없었습니다.

2004년, 마침내 합격자 발표날이었습니다. 지금은 인터넷 홈페이지에서 확인을 할 수 있지만 그때는 전화 ARS로 확인을 했습니다. 발표 시간인

자정, 두근거리는 마음으로 아내와 저는 두 손을 꼭 잡고 전화번호를 눌렀습니다. 전화기에서 '합격'이라는 목소리를 듣는 순간 아내와 저는 부둥켜 안고 기쁨과 감사의 눈물을 흘렸습니다.

"나 합격했어~."
"여보, 수고했어요!"

그날의 감격은 지금도 잊을 수 없습니다. 그동안 힘들었던 기억은 온데간데없고 합격의 기쁨이 가시지 않아 새벽까지 잠을 이루지 못했습니다.

기술사 시험을 목표로 공부한 기간은 7~8년이 넘었지만, 본격적으로 준비한 3년 정도는 시험공부를 저의 삶에서 최우선 순위로 두고 살았습니다. 네 번 떨어지고 다섯 번째 도전에서 합격을 했습니다. '포기하지 않으면 합격(성공)한다!' 너무나 당연한 말이지만 저에게는 지금도 제 삶의 지표로 여기는 말 가운데 하나입니다.

회사를 다니면서 이 자격증을 따기가 쉽지 않은 것을 아는 동료 직원들이 축하해주었습니다. 당시 회사는 '호봉제'였는데, 자격증 취득 후 3호봉을 올려주었습니다. 하지만 이후 연봉제로 바뀐 뒤로는 회사에서는 별 관심이 없는 자격증이 되었습니다. 그래도 본래 통신 전 분야에 대해 더 알고 싶은 바람으로 공부를 시작했기에 서운함은 없었습니다. 그저 주변 사람들과 동료들에게 기술사 자격증을 가진 통신 전문가로 인정을 받는 것만으로 만족했습니다.

그러나 정보통신기술사 자격증은 퇴직 후 회사 밖에서 싸울 수 있는 저의 주무기가 되고 있습니다. 기술자 자격증과 통신 분야 경력으로 '건축물 통신감리'를 하고 있습니다. 회사를 다닐 때 동료들은 자격증 따서 어디에 쓰려고 그렇게 힘들게 공부하느냐고 별 관심 없이 말했지만, 지금 저에게는 제대로 필살기 역할을 해주고 있습니다.

아브라함 링컨은 "만일 내게 나무를 베기 위해 한 시간이 주어진다면, 우선 나는 도끼를 가는 데 45분을 쓸 것이다"라고 했습니다. 어떤 일을 하든 준비가 중요하다는 것을 강조한 말입니다.

혹시 지레 안 될 거라 생각해서 목표를 낮게 잡고 계신가요? 이룰 수 없을 거라 생각하더라도 높은 목표를 세우기 바랍니다. 포기하지 않고 매달리면 언젠가는 이룰 수 있습니다. 스스로 포기하지 않으면 보이지 않는 손들의 도움을 받아 어느 순간 목표에 가까이 갈 수 있습니다. 또한 그것이 인생 후반전에 당신의 필살기가 될 수 있습니다.

? 퇴직을 준비하기 위한
당신의 필살기는 무엇인가요?

나는 **퇴직**을
미루지
않기로 했다

나는 포트폴리오
생활자

첫 번째 직장에서 1차 퇴직을 했습니다. 긴 인생의 여정을 보면 퇴직은 마침표가 아니라 쉼표입니다. 앞으로는 여러 번의 퇴직을 더 할 수도 있기 때문입니다. 저에게 퇴직은 잃음이 아니고 얻음입니다. 퇴직은 패자의 단어가 아닌 새로운 기회의 단어입니다. 퇴직은 절망이 아닌 희망입니다.

인생을 여러 영역으로 나누어 보면, 가장 중요한 영역은 일입니다. 일반적인 일의 개념은 직업과 연결이 되고, 생계의 수단이 됩니다. 개인적으로 일에 대한 의미를 규정하는 데 있어서 도움을 받은 두 가지 관점이 있습니다. 하나는 일을 포트폴리오Portfolio 관점으로 보는 것이고 다른 하나는 일을 커리어Career 관점으로 보는 것입니다.

먼저 일을 포트폴리오 관점으로 보는 것에 대해 살펴보겠습니다. 포트폴리오의 사전적 의미는 두 가지가 있습니다. 하나는 '자신의 실력을 보여줄 수 있는 작품이나 관련 내용 등을 집약한 자료 수집철, 작품집, 서류가방, 자료 묶음'이고 다른 하나는 '주식투자에서 위험을 줄이고 투자

수익을 극대화하기 위한 일환으로 여러 종목에 분산 투자하는 방법'입니다.

찰스 핸디는 『포트폴리오 인생』에서 "프리랜서는 전일제 직장이 아니라 다양한 활동으로 삶의 포트폴리오를 구성해서 사는 사람"이라고 정의합니다. 즉 포트폴리오 인생은 시간적인 여유를 가지고 전일제가 아닌 파트타임 일을 여러 개 하면서 살아가는 것을 의미합니다. 또, 그는 돈을 받고 하는 일^{직장}만이 진정한 일은 아니라고 하면서 네 가지 유형의 일을 강조합니다. '집안일, 자원봉사, 학습, 운동'입니다. 의미 있는 생활인이 되려면 이와 같은 네 가지 유형을 포함시킨 균형 잡힌 일의 포트폴리오를 구축해야 한다고 말합니다.

다음은 일을 커리어 관점으로 보는 것입니다. 대부분의 사람들은 커리어를 급여를 받는 직업과 관련한 협의의 의미로 해석합니다. 커리어 연구가인 '도널드 슈퍼'는 커리어를 "개인이 일생 동안 달성한 모든 역할 및 그 조합이며 직업인 이외에도 자녀, 학생, 여가인, 시민, 배우자, 가사인, 부모 등과 같이 대부분의 사람들이 평생 경험하는 역할을 포함하는 것"이라고 규정합니다. 직업이나 직위, 이력 같은 협의의 개념에서 벗어나 인생의 다양한 역할을 포괄하는 개념으로 보아야 한다는 말입니다.

퇴직 후 미래에 대한 불안감과 사회적 소속감 상실로 인한 정체성의 혼란을 겪었습니다. 단지 직장을 잠시 그만두고 더 나은 삶을 살기 위해 준비하는 과정을 보내고 있을 뿐인데, 주변에서 무기력하고 능력 없는 사람으로 보는 시각이 있어 힘이 들었습니다. 물론 제 자신이 느끼는 생각이었을 수도 있습니다. 그래서 그 시간을 못 견디고 공무원 시험을 준비했는지도 모릅니다. 그러나 돈 버는 직업만이 일은 아니었습니다. 저는 이미 전 생애에 걸쳐서 많은 역할을 하고 살고 있으며 직장이나 가정, 교회, 사회, 단체 등 많은 곳에 소속되어 살고 있습니다. 인생 후반전은 특히 돈을 버는 일과 더불어 균형을 맞춰 나가야 하는 일들에도 의미를 부여하며 살아가야 합니다. 이 두 가지 관점을 통해 바라보는 일에 대한 해석은 인생 후반전에 정체성을 지키면서 나아갈 수 있는 큰 힘이 되었습니다.

그럼 퇴직 이후 제가 하는 일의 포트폴리오와 다양한 커리어에 대해 말씀드리겠습니다. 첫 번째로 생계를 위한 직업은 엔지니어링 회사에 소속되어 비상임^{파트타임}으로 정보통신 감리를 하는 것입니다. 건축물의 신축공사는 도면을 그리는 설계 파트와 설계 도면에 맞추어 자재를 준비하고 공사를 하는 시공 파트 그리고 설계 도면대로 건물이 지어지는지를 감독하고 관리하는 감리 파트로 나누어집니다. 상주 감리는 하나의 신축 건축물 공사 현장에서 착공에서부터 최종 준공까지 공사가 진행될 수 있도록 감리 업무에 책임을 집니다. 저는 비상주 감리로 다섯 개 이상의 공사 현장을 월 1회 이상 방문하여 기술지원 감리업무를 수행하고 있습니다. 출퇴근이 자유롭고 본인의 건강만 허락한다면 정년이 따로 없어서 나이가 들어서도 할 수 있는 일입니다.

두 번째로는 KT그룹 희망나눔재단의 '스마트 티처'로 활동하고 있습니다. 초등학교, 중학교, 고등학교 학생들을 대상으로 한 달에 평균 5회 강의를 합니다. 강의 주제는 '스마트폰 중독 예방'과 '개인정보 보호'입니다. 시외에 있는 학교로 강의를 갈 때면 강의 시작 시간보다 먼저 도착해 그 지역을 여행하는 기분으로 주변 관광지를 둘러보기도 합니다. 학생들과 만나고 대화하면서 삶의 새로운 활력소를 얻습니다. 강사료를 받으면서 강의를 하므로 완전한 봉사활동은 아니지만, 이 활동이 저에게는 회사 재직 시에 했던 강의 경험을 바탕으로 하는 재능기부이고 사회공헌활동입니다.

세 번째 역할은 강의와 멘토링을 통해 다른 사람들을 돕는 일입니다. 최근 광주평생교육진흥원에서 퇴직자들이 함께하는 '빛고을50+' 커뮤니티를 대상으로 'ICT 지식으로 무장하고 4차 산업혁명 시대에 인생 2막을 준비하는 5060세대로 당당하게 살아남기'라는 주제의 강의를 진행했습니다. 이 주제는 앞으로 관심있는 일이기도 합니다. 또한 제가 사는 지역 소재 대학의 산학협력단에서 진행한 직무 특강을 담당하기도 했습니다. 제가 앞으로 하고자 하는 일의 포트폴리오에는 '대학에서 강의하기'도 포함됩니다. 기회가 되면 대학에서 학생들을 가르치고 싶습니다. 전임 교수보다는 지금 하고 있는 일을 하면서 강의할 수 있는 겸임 교수가 좋겠습니다.

네 번째로 가정에서의 역할은 파트타임 가정주부±夫입니다. 제가 사회적으로 하는 일들이 파트타임이기 때문에 아내가 출근한 후에는 제가 집안일을 담당합니다. 아이들이 학교를 가면 설거지와 집안 청소를 합니다. 주중에 한 번은 빨래를 하고, 걷어서 정돈을 합니다. 퇴직하기 전에 맞벌이를 하면서 가사전쟁을 했던 일은 까마득한 옛이야기가 되었습니다. 아내는 당시 퇴근 후 가사 스트레스에 시달렸습니다. 아내의 시각에서는 만족스럽지 않겠지만, 제가 집에서 하는 역할을 통해 가정의 평화가 온 것은 확실해 보입니다.

중년 이후 삶을 살아가는 사람들이 인생의 균형을 찾고 더 행복한 삶을 살 수 있도록 돕고 싶습니다. 본격적인 후반전 인생이 시작되기 전인 하프타임 기간에 인생 전반전을 정리하고 싶습니다. 아마도 첫 책 쓰기가 완료되면 그렇게 될 것입니다. 퇴직 후 첫 번째 책을 쓰기까지의 과정은 하프타임이 될 것이고 그 이후 본격적인 인생 후반전이 시작될 것입니다.

제가 정리한 내용들이 3050 세대 직장인들과 퇴직 이후 삶을 살아가는 사람들에게 도움이 되도록 하고 싶습니다. 제가 구체적으로 무엇으로 도울 수 있을까요? 생생한 퇴직 이야기 그리고 전반전을 정리하고 하프타임을 겪어온 과정과 결과물이 도움을 줄 수 있을 것입니다.

중년 세대들은 학창시절을 지나 사회 생활을 하던 중에 인생의 중반이나 후반전에 PC, 스마트폰 등의 ICT^{정보통신기술} 세상을 처음으로 접했습니다 그래서 중년 세대들은 네트워크와 사이버 세상에서 2030 세대에 비해 뒤처집니다. 어쩌면 이해 못할 세상입니다. 앞으로 펼쳐질 4차 산업혁명 시대에 잘 적응하고 나름의 역할을 할 수 있도록 '알기 쉬운 ICT 기술'을 강의하고 멘토링을 통해 돕고 싶습니다.

최근 잡지에서 본 동화가 기억이 납니다.

왕이 현자에게 '오래 사는 법'을 물어보았습니다. 현자는 생을 시작하는 점과 마치는 점을 최대한 늘리면 된다고 했습니다. 그 방법은 점 사이의 길을 최대한 천천히 걷는 것이라고 했습니다.

> "길에 나 있는 들꽃도 보고, 지그재그로 걸으면서 낯선 곳도 경험하며 가는 것, 가슴 뛰는 순간, 사랑하며 살았던 순간만이 마음속에 남아 인생을 풍요

롭게 할 것입니다."

익숙한 일만 반복하면 시간이 빨리 간다는 말일 것입니다. 지금의 포트폴리오는 더 발달시키고, 새로운 커리어를 개발해 해보지 않은 일에 도전하며 포트폴리오를 확장하고 싶습니다.

후반전 인생은 돈이 되는 일만 바라보는 것이 아닌, 인생의 여러 영역에서 균형을 잡고 가정과 사회에 공헌하는 일도 만들어가야 합니다. 책 쓰기를 통해 얻은 경험과 브랜드를 가지고 새로운 영역의 포트폴리오를 형성할 수 있습니다.

인생 후반전에는 시간의 자유와 여유를 가지면서도 생산적이며 보람과 의미가 있는 일들로 포트폴리오를 채워가고자 합니다. 나이와 삶의 단계에 가장 잘 어울리는 커리어역할를 찾아가고 있습니다. 이제는 경쟁과 속도가 아닌 여유와 방향을 가지고 인생이라는 여정 자체를 즐기려 합니다. 그 여정은 즐겁고 설레고 두근거리고 기다려지는 일들로 채워질 것입니다.

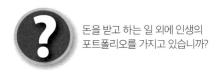

돈을 받고 하는 일 외에 인생의
포트폴리오를 가지고 있습니까?

제 4 부

퇴직 후
시간의 주인으로
살아가기

우리에겐 정말
시간이 없는 것일까?

"회사일이 너무 많아요. 퇴근도 늦고 주말까지 일합니다. 바빠서 못해요. 시간
이 없어서 엄두가 안 나네요."

제가 회사를 다닐 때 동료들에게 "자신의 미래를 위해서 자기 계발을
하십니까?" 질문했을 때 가장 많이 들었던 이야기입니다.

'그렇지. 회사가 시키는 일이 워낙 많지. 회사가 직원들에게 월급 주면서 놀게
하겠어? 그럴 거야.'

이렇게 공감합니다. 그런데도 다시 의문이 듭니다.

'우리는 진짜 시간이 없는 것일까요?'

모두에게 똑같이 주어진 시간이지만 각 개인이 느끼는 시간은 다르게 느껴질 수 있습니다. 없는 시간을 쪼개서 내가 하고 싶은 일을 할 수는 없을까요? 우선순위가 낮아서 못하는 것은 아닐까요? 자신에게 질문을 해보면 좋겠습니다.

몇 년 전 받은 교육 중에 무릎을 치며 공감했던 내용이 있습니다.

> '내가 간절히 원하고 사랑하는 것을 이루기 위해서는 할 수 있는 '방법'을 찾고,
> 별로 바라지 않고 사랑하지 않는 것에는 하지 못할 '핑계'를 찾는다.'

우리들이 하지 못했거나 이루지 못한 일에 대해 합리적인 핑곗거리를 찾고 있지 않나 생각해봅니다. 그날 이후 저는 제가 하지 못한 일에 대해 핑계를 대지 않게 되었습니다. 예를 들어 약속시간에 늦게 도착했을 때도 "차가 막혀서요"가 아니라 "늦어서 죄송합니다. 제가 집에서 늦게 출발했습니다" 이렇게 말합니다.

그 일보다 더 급한 일이 있어서, 더 중요한 일이 있어서 못한 것입니다. 눈에 보이는, 급하다고 생각되는 일부터 한 것입니다. 내가 하고자 하는 일을 하는 것과 못하는 것은 의지와 능력의 문제이지 시간 부족이나 환경의 탓이 아닌 것을 알게 되었습니다.

사람들에게 평생 주어진 시간을 정량적으로 계산해보았습니다. 평균수명을 날수로 계산하면 3만 일입니다.2016년 평균수명 82.4세×365일 1년은 365일, 하루를 시간으로 계산하면 24시간, 분으로 계산하면 1,440분, 초로 계산하면 8만 6,400초가 됩니다. 1년 이하의 시간들은 익숙한 숫자지

만 3만 일은 생소합니다. 하지만 이렇게 계산해보니 그리 길지 않은 유한한 인생임을 깨닫게 되었습니다. 세상의 다른 것들은 불공평하다고 느낄 수 있지만 일생에 주어진 시간은 잘난 사람이든 못난 사람이든, 부자든 가난한 사람이든 공평하다는 것을 알게 되었습니다.

우리는 회사에 나의 시간을 임대해주고 그 대가로 월급을 받습니다. 출근해서 생활하는 시간은 회사 이익을 위해 충성스럽게 일합니다. 회사는 직원들을 고용해 근무시간 동안 회사일만 하는 대가로 월급을 줍니다.

우리는 타인의 시간을 사용하려면 당연히 돈을 내야 한다고 생각합니다. 그러나 회사에 임대해준 시간 외에 자신이 소유한 시간을 낭비하는 것에는 한없이 관대합니다. 남의 시간에 대가를 지불하듯 내 시간도 아끼고 소중하게 사용해야 합니다. '시간이 돈이다'라는 말 그대로 시간을 자기주도적으로 사용하면 더 가치 있는 곳에 투자할 수 있을 것입니다.

여러 번 말씀드린 대로, 저는 회사를 다니면서 정보통신기술사 공부를 했습니다. 회사를 다니면서 하는 공부는 시간과의 싸움이라 해도 과언이 아닙니다. 한 주에 최소한 20시간은 확보를 해야 했습니다. 하루에 3시간 정도입니다. 사정이 있어 공부를 못한 날은 주말에 뭉치 시간을 투자했습니다.

직장생활 중 공부를 하면서 가장 힘든 점은 외로움입니다. 최종 합격했을 때를 상상하며 저를 믿고 자신을 응원하며 극복했습니다. 다른 일을 하며 보낼 수도 있었던 그 시간들을 희생하면서 간절하게 이루고자 하는 목표가 있었기 때문에 가능했습니다.

현대인은 시간이 부족합니다. 사회생활과 인간관계를 유지하기 위해

나는 **퇴직**을 **미루지 않**기로 했다

해야 하거나 챙겨야 할 일이 많습니다. 회사 업무는 자동화가 되고 시스템화가 될수록 자유로워지기보다는 할 일이 더 많아집니다. SNS는 나의 존재를 유지하기 위해 참여를 해야 합니다. 그럼에도 다시 이런 질문을 해 봅니다.

"정말 시간이 부족해서 꼭 하고 싶은 일을 못하는 것일까요?"

혹시 무언가에 중독되어 있거나 가치가 적은 활동이 생활에 꽉 차 있어서 시간이 부족하다고 느껴지는 것은 아닐까요? 중요하지 않지만 급한 일만 처리하며 살아가고 있는지 돌아보아야 합니다. 때로는 급하지 않은 일에 급하다는 의미를 부여하고 있지는 않은지 돌아보아야 합니다. 간절하게 사랑하며 이루고자 하는 일이 있습니까? 급한 일보다 중요한 일에 집중해야 합니다.

정말 미래에 나를 지탱해주고 책임져줄 수 있는 중요한 것은 무엇입니까? 그 일을 할 수 없는 '핑계'를 찾지 말고 할 수 있는 '방법'을 찾아보시길 바랍니다. 그 방법은 다른 누구보다도 자기 자신이 가장 잘 알고 있습니다. 저도 응원하겠습니다.

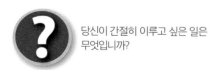

당신이 간절히 이루고 싶은 일은
무엇입니까?

나이 들면 왜 시간이
빨리 갈까요?

저는 비상근파트타임으로 '정보통신 감리' 업무를 합니다. 건축물을 신축할 때 필요한 공정에는 크게 설계, 시공, 감리가 있습니다. 설계와 시공에는 주로 젊은 분들이 종사하지만 감리 분야에는 자격증과 경력이 필요하므로 나이 드신 분들이 많습니다.

　"나이를 먹으니 시간이 너무 빨리 지나가네."

　"먹은 나이 숫자와 같은 속도로 시간의 속도가 빨라지는 거야."

함께 감리 업무를 하는 선배들로부터 나이가 먹으니 시간이 빨리 흘러간다는 한탄 섞인 이야기를 자주 듣습니다. 누구에게나 공평하게 주어진 시간인데, 왜 시간의 속도를 각기 다르게 느끼는 것일까요?

지루한 수업을 받고 있는 한 시간은 길게 느껴지지만 재미있는 게임이나 놀이를 할 때는 "벌써 한 시간이 훌쩍 지나갔네"라며 빨리 흘러가는 것처럼 느낍니다. 청소년기에는 "빨리 어른이 되고 싶은데 시간은 왜 늦게 갈까?" 하고 더디 흐르는 시간이 야속하지만 중년을 지나 노년의 시기를 살아가는 분들은 "벌써 한 달이 지났네!" 이렇게 말합니다.

여기저기 물어보고 책을 찾아보기도 했습니다. 시간의 흐름에 관해 느끼는 것은 나이와 환경에 따라 다르다는 것은 모두 공감하지만 왜 그런지가 궁금했습니다. 최근에 스티브 테일러의 『제2의 시간』을 읽으면서 지금까지 궁금하게 생각해온 것들에 대한 깨달음을 얻게 되었습니다. 테일러에 따르면 우리의 삶은 물리적인 시간보다는 심리적 시간이 지배하고 있다고 합니다. 그는 다음과 같이 시간의 심리학 법칙 다섯 가지를 소개했습니다.

1. 나이가 들수록 시간은 빨리 흐른다.
2. 새로운 경험과 환경에 놓이면 시간은 천천히 흐른다.
3. 몰입하면 시간은 빨리 흐른다.
4. 몰입하지 않은 상태에서는 시간이 천천히 흐른다.
5. '의식하는 정신' 또는 평소의 자아가 사라지면 시간은 천천히 흐르거나 아예 멈춰버린다.

책에서는 여러 가지 근거를 제시했지만, 제 마음에 가장 와 닿은 내용 위주로 정리하겠습니다.

첫 번째 법칙에 대한 근거는 '비례 이론'입니다. 인생의 어느 지점에서 느끼는 일정 시간의 길이는 개인이 살아온 인생의 총 길이에 비례한다는 것입니다. 열 살 소년에게 1년은 살아온 삶의 10분의 1이고 예순 살의 사람에게는 60분의 1의 시간입니다. 즉 열 살 소년에게 1년은 소년이 살아온 삶의 10%를 차지하는 시간이고, 예순 살의 사람에게는 불과 1.7%밖에 되지 않는 사소한 시간이 되는 것입니다.

두 번째 법칙에 제시한 근거는 '정보 이론'입니다. 시간의 속도는 머리가 얼마나 많은 정보를 인식해 흡수하고 처리하는지에 의해 결정된다는 것입니다. 그 정보는 자신을 둘러싼 세상과 경험에 대한 인식과 관련이 있습니다. 남자들에게 군 복무 기간은 지금까지 겪어보지 못한 새로운 환경에 대한 적응의 연속이고, 가장 힘든 기억으로 남아 있습니다.

27개월의 군복무 기간 중에 고참들 몰래 군인 수첩에 제대일까지 남은 기간을 지워 나가면서 국방부 시계가 참으로 늦게 흘러간다고 느꼈습니다. 그런데 제대 후 인사차 만난 어른들은 입대한 지 얼마 지나지 않은 것 같은데 벌써 제대했느냐고 그러는 겁니다. 저는 시간이 늦게 흐르다고 느꼈지만 다른 사람들은 빠르게 느꼈나 봅니다. 어쩌면 다음 이야기도 두 번째 법칙에 해당되는 것 같네요. 해외여행을 가면 새로운 나라의 주변 환경과 경치를 보느라 첫째 날, 둘째 날까지는 시간이 잘 가지 않지만 셋째 날부터 집에 돌아오는 날까지는 시간이 빨리 흐르는 것을 느껴보셨을 겁니다.

그렇다면 주어진 시간 안에 정보의 양을 늘리는 방법은 무엇이 있을까요? 일상의 생활 속에서 반복적이고 익숙한 일들을 줄이고 기억해야 할 일들을 많이 만들면 시간이 느리게 흐른다고 합니다. 나이와 관계없이 지금까지 해보지 않은 일에 도전하고, 시각적·감각적으로 설레는 경험들

138

을 지속적으로 시도한다면 뇌에서 기억해야 할 정보의 양이 늘어나고, 그때부터 시간의 속도가 저속으로 흐른다는 것입니다.

세 번째와 네 번째 법칙의 근거는 몰입을 하면 시간이 빠르게 흐른다는 것입니다. 몇 년 전 비행기를 타고 가족들과 함께 유럽 여행을 다녀왔습니다. 11시간이나 걸렸지만, 가는 동안에는 좌석에 붙은 모니터를 통해 세 편의 영화를 골라 봤고, 기내식을 두 번 먹고 나니 지루하다는 생각이 전혀 들지 않았습니다. 반면에 돌아오는 비행기의 좌석은 영화를 선택해서 볼 수가 없었습니다. 이 때문에 시간이 매우 더디게 흐른다고 느꼈습니다.

강의를 받고 있는 두 명의 학생이 있습니다. 한 학생은 교수님의 말 한마디도 빠뜨리지 않고 노트 필기를 하며 집중하며 듣고 있습니다. 다른 학생은 필기도 하지 않고 다른 생각을 하면서 수업이 끝나기만 기다립니다. 누구의 시간이 더 빨리 흘렀을까요? 당연히 몰입하며 열심히 수업을 들은 학생이 느끼는 시간이 훨씬 더 빠른 속도로 흘렀을 것입니다.

마지막으로 다섯 번째 법칙은 운동선수들이 집중하여 몰입할 때와 일반 사람들이 사고나 위급상황으로 충격을 받을 때에 의식과 생각이 평소대로 가동하지 않고 자아가 마비된다는 것입니다. 여기서 3법칙과 모순이 생기는데, 한 곳에 몰입을 하면 시간은 빨리 흘러가지만 집중의 강도가 강하면 반대의 결과가 나타나게 됩니다.

자아가 약해지거나 사라지면 시간이 느려집니다. 과거로부터 현재를 거쳐 미래로 흐르고 있다고 생각하는 시간의 개념도 자아가 만들어낸 것이기 때문입니다. 다소 어려운 이론이지만, 무자아와 자아 초월 상태가 되면 시간이 느리게 흐른다고 정리하겠습니다.

시간 앞에서 우리는 모두 평등합니다. 사람들은 가능한 한 더 많은 시간을 누리고 싶어 합니다. 쓸데없는 일로 시간을 흘려보내고 싶은 사람은 없습니다. 지금 느끼는 시간이 예전보다 빨리 지나간다고 느끼고 있다면 긴장해야 합니다. 뇌에서 새롭게 기억할 것이 없기 때문입니다. 눈으로 머리로 가슴으로 저장해야 할 정보들이 줄어들고 있다는 경고입니다. 나이가 들면 당연히 시간이 빨리 지나간다고 자기를 합리화하고 위로하며 시간을 보내고 있지 않는가요? 시간을 주도적이고 느리게 흐를 수 있도록 붙잡아야 합니다.

물리적인 시간은 같지만 주어진 시간을 잘 사용하면 시간이 더 천천히 흐르게 하고, 더 많은 시간을 이용하는 효과를 누릴 수 있습니다. 일반적으로 사람의 인생이 긴지 짧은지를 판단할 때 살아온 기간을 기준으로 말합니다. 하지만 삶을 어떻게 살았고 어떤 의식 상태로 살았는지가 개인의 인식에 더 영향을 줍니다.

나이가 들면 편한 환경 속에서 익숙한 일을 하며 여생을 보냅니다. 또 가능하면 어딘가에 몰입하면서 시간을 보내려 합니다. 그러나 두 가지 모두 시간을 빠르게 흐르도록 하는 방법입니다. 가장 좋은 방법은 제2법칙과 제4법칙을 동시에 적용하는 것입니다. 시간을 천천히 흐르게 하려면 뇌가 기억할 만한 일들을 자꾸 만들면 됩니다.

나이 든 어른과 어린아이가 꽃이 핀 산책로를 걸어가고 있습니다. 어른은 작년에 보았던 꽃이라고 단정하고 그냥 지나칩니다. 아이들은 처음 본 나무와 꽃이 신기해서 다시 보고 만져보고 냄새도 맡아볼 것입니다.

누가 기억할 것을 더 많이 저장했을까요? 모든 사람들이 느끼는 것이지만, 어린 시절의 시간은 늦게 갑니다.

올해는 익숙하지 않은 환경과 일에 더 노출하며 살려고 합니다. 지금까지 읽어보지 않은 다른 분야의 책을 많이 읽고, 산책할 때는 나무와 꽃들의 이름에 관심을 가지려 합니다. 기타 치며 아내에게 노래를 불러줄 수 있도록 연습하고, 체지방률을 20% 이하로 만들기 위해 수영장과 헬스 센터에서 운동도 할 것입니다. 이렇게 새로운 경험에 도전하면서 TV 등 익숙한 환경에 몰입하지 않으려고 합니다. 제 자신의 변화를 통해 쉽고 건전하면서도 긴 인생을 사는 효과를 누리고 싶습니다. 나이가 들어가면서 시간이 빨리 간다는 느낌이 들지 않도록 말입니다.

당신의 현재 인생 시간 속도는
시속 몇 킬로미터입니까?

나이에
0.65 곱하기

초등학교 시절 어느 날이었습니다. 이른 아침 같은 동네에 사는 친척 집에 가서 아침식사를 했습니다. 자주 먹지 못하는 맛있는 음식들이 잔뜩 차려져 있는 진수성찬이었습니다. 다른 메뉴는 기억이 잘 나지 않지만 잣과 곶감이 들어간 수정과의 맛은 지금도 기억이 납니다. 나중에 알았지만, 그 친척 어머니의 환갑을 기념한 아침식사였습니다. 지금은 주변의 눈치가 보여 환갑잔치는 거의 생략하고, 칠순쯤 돼야 가까운 분들과 축하하는 자리를 갖습니다. 불과 40여 년 전의 일이지만 60세까지 사는 것은 주위 사람들에게 축하를 받을 만큼 장수長壽를 의미했습니다.

우리 부모 세대들은 한 직장에서 정년까지 다니다 퇴직하는 것을 큰 영광이라 생각했습니다. 그리고 60세 이후의 삶을 여생餘生, 즉 덤이라 생각하며 살았습니다. 그러나 요즘 60세는 외모도 젊어 보이고 사회에서도 생산적인 활동을 왕성하게 합니다. 현재 우리나라 노인복지법에는 노인의 기준이 65세입니다. 그러나 최근 정년도 늦춰지고 평균수명도 길어지는 상황에서 젊은 세대들과 상생하기 위해 노인 기준 연령을 70세로 상향하자는 의견도 있다고 합니다.

이렇게 세상은 변하고 있습니다. 그런데 변하지 않는 게 있습니다. 한 번 마음속에 자리 잡은 나이를 대하는 가치관입니다. 인생을 살아가면서 가장 많은 영향을 받는 사람은 부모입니다. 어린 시절 부모로부터 들은 말은 평생 동안 개인의 가치관 형성에 강력한 영향력을 발휘합니다.

우리 부모님은 일제강점기에 태어나서 6.25를 겪은 분들입니다. 그래서 당시의 경험과 배고픈 설움에 대해 많은 이야기를 들려주었습니다. 그래서 저는 부모 세대와 같은 배고픔의 고통을 겪지 않았지만 물질적으로 풍요로운 생활에 대해 항상 감사하며 생활하고 있습니다.

우리 부모 세대들은 마흔이 넘으면 공부할 시기가 지났다고 생각하고, 오십은 새로운 일을 시작하기가 쉽지 않고, 예순이 넘으면 그때까지 고생했으니 쉬어야 한다는 가치관을 가지고 있었습니다. 저 역시 하기 싫고 어려운 일에 봉착하면 어김없이 부모로부터 물려받아 형성된 무의식 세계 속의 마음에 이끌려가게 됩니다.

'이 나이에 무슨 공부를 해' '새로 시작하기에는 너무 나이를 먹었어' '나는 퇴직하면 아무것도 안 하고 쉴 거야' 이런 식의 이야기를 입에 달고 사는 분들이 있습니다. 저도 이런 편견을 가지고 살던 때가 있었습니다. 그러나 회사 재직 시 받은 '자기혁명' 교육에서 '자신의 나이에 0.7을 곱하고 살아야 한다'라는 강사의 이야기를 듣고 저에게도 나이에 대한 환상과 편견이 자리 잡고 있음을 깨닫게 되었습니다. 또한 나이는 내가 가고자 하는 길에 작은 불편함을 주겠지만 극복해야 할 대상임을 알게 되었습니다.

1960년의 우리나라 평균 수명은 52.4세였습니다. 1970년에는 61.9세, 1980년 65.7세, 2000년 75.9세였고, 2016년 평균수명은 82.4세입니다. 다가오는 2040년의 평균 수명은 89.3세로 예측하고 있으며 100세 시대를 향해서 달려가고 있습니다. 이제는 나이에 대한 가치관도 변해야 합니다. 교육 강사는 자신의 나이에 0.7을 곱한 나이로 인생을 살아가자고 이야기했습니다. 저는 조금 더 낮추어서 0.65를 곱해서 살자고 제안하고 싶습니다. 왜냐하면 2016년 평균수명에 0.65를 곱해야$^{82.4×0.65= 53.6}$ 1960년의 평균수명$^{52.4}$과 비슷한 숫자가 나오기 때문입니다. 1950년대 이전에 태어난 분들은 6.25 때문에 평균수명을 산출하기가 어려웠다고 합니다. 그러나 1950~60년대에 태어난 분들은 0.65를 곱하고 살아야 합니다. 이 방식으로 계산해 보면 1970년대 이후에 태어난 분들은 0.75를 곱해야겠습니다.

올해 나이가 50세인 분들은 자기 나이에 0.65를 곱하면 32.5세이고 60세인 분들은 39세입니다. 기분이 좋아지라고 0.65를 곱해 나이를 줄어들게 한 게 아닙니다. 부모 세대들이 지금을 살아가는 4060 세대에 영향을 준 나이에 대한 편견을 바꾸자는 것입니다. 나이가 40세를 넘었어도 꼭 해야 한다면 아직은 충분히 공부를 할 수 있는 나이이고, 50세가 넘었어도 새로운 일을 시작할 수 있는 나이인 것입니다. 태어난 연도의 평균수명과 비교하면 아직 40세도 되지 않았습니다.

저는 기술사 시험에 합격한 후 서울에 있는 학원에서 강의를 했는데, 전체 수강생 중 10% 이상이 50~60대였습니다. 그분들은 더 나이가 들기 전에 꼭 하고 싶은 공부가 있어서 시작을 했다고 했습니다. 2012년 제

나는 **퇴직**을 **미루지** **않**기로 했다

96회 정보통신기술사 합격자 중 최고령자는 예순 살이었습니다. 그분은 4년 동안 공부해서 총 일곱 번 떨어지고 여덟 번째에 합격의 영광을 얻었다고 합니다.

유엔에서는 인류의 평균수명과 체력 등의 변화를 고려해서 인간의 생애주기를 미성년자:0~17세, 청년:18세~65세, 중년:66세~79세, 노년:80세~99세, 장수노인:100세 이상으로 새롭게 구분했습니다. 예순다섯 살까지 청년이라 규정을 했으니 예순다섯 살까지는 청년의 마음으로 살아가야겠습니다. 최근에 출간된『4050 후기청년』의 저자는 4050 시기를 후기청년으로 새롭게 규정하고 후기청년의 시기에 오히려 인생을 풍성하게 개척할 수 있는 진짜 인생이 시작된다고 말합니다. 65세에 0.65를 곱하니 42세, 아직은 하고 싶은 일, 새로운 일을 시작할 수 있는 나이입니다.

인생의 반환점을 돌아 100세 시대를 바라보며 살아가야 하는 세대들은 시대에 맞는 융통성을 가지고 달라진 세상에 적응하고 살아가야 하는 숙제를 안고 있습니다. 중년 이후 직장을 그만둔 분들은 대부분 스스로 생산활동에서 추방되었다는 인식에 사로잡혀 새로운 도전 앞에 주저하게 됩니다.

'이제 나이가 들어서 머리가 따라주지 않아. 금방 본 것도 잊어버려.'

그런데 곰곰이 생각해보면 한창 뇌를 사용하며 공부하는 청소년들도 최고의 학습방법은 반복으로 공부하는 것입니다. 공부를 오래 쉬었으니 한두 번 학습으로 공부한 내용을 전부 기억할 수는 없습니다.

제가 좋아하는 사무엘 울만의 「청춘」이라는 시에 나오는 말입니다.

'청춘이란 인생의 어떤 시기가 아니라 마음가짐이다.'
'때로는 스무 살 청년보다 예순 살 노인이 더 청춘일 수 있다. 나이를 더해가는 것만으로 사람은 늙지 않는다. 이상을 잃어버릴 때 비로소 늙는 것이다.'

나이는 숫자에 불과합니다. 새로운 일을 시작하는 데 늦은 나이란 없습니다. 나이라는 환상이 두뇌의 젊음을 갉아먹는다고 합니다. 나이에 지지 않고 인생을 살아갈 때 여전히 인생의 강자가 될 수 있습니다.

내 나이에 0.65를 곱한 나이는
몇 살입니까?

나는 **퇴직**을
미루지
않기로 했다

끝날 때까지
끝난 게 아니다

"끝날 때까지 끝난 게 아니다."

미국 메이저리그 뉴욕양키즈에서 활약했던 전설적인 포수 '요기 베라'의 말입니다. 2018년 11월 12일 SK와 두산의 한국시리즈 마지막 경기가 된 6차전에서 9회초 2아웃까지 스코어는 4대3으로 두산의 승리가 굳어져 가고 있었습니다. 9회초 2아웃에서 SK의 최정 선수가 등장했습니다. 최정 선수만 아웃시키면 경기가 끝나고 마지막 7차전으로 가는 상황이었습니다. 그 순간 최정은 믿을 수 없는 동점 홈런을 쳤습니다. 경기는 연장으로 접어들었고, 13회 초 한동민 선수의 홈런이 터짐으로써 최종 스코어 5대4로 SK가 우승을 차지했습니다. 말 그대로 '야구는 9회말 2아웃부터'라는 각본 없는 드라마였습니다.

저는 TV 프로그램 중에서 야구 중계를 가장 좋아합니다. 야구에는 일반인들에게 생소한 용어가 많습니다. 그래서 규칙을 제대로 이해하며 경기를 관람하기가 쉽지 않습니다. 그러나 규칙을 알고 보면 야구처럼 재미있는 경기가 없는 것 같습니다.

아내는 결혼 전에 야구장에 한 번도 가보지 않았고 규칙도 잘 몰랐습니다. 하지만 결혼 후 제가 좋아하는 야구를 같이 보기도 하고, 생소한 규칙들에 대한 설명을 들으며 가족들과 함께 야구장에 다니다 보니 어느새 아내도 야구팬이 되었습니다.

야구장에 들어서서 시야가 탁 트인 녹색 잔디구장을 보면 가슴이 뻥 뚫리는 것 같습니다. 멋진 유니폼을 입은 선수들이 야구공을 던지고 배트로 치고 달리는 모습을 보면 스트레스는 싹 사라집니다.

'딱!' 나무 배트에 맞아 담장 너머로 사라져 가는 야구공을 보며 기쁨의 함성을 지릅니다. 우리 가족이 응원하는 팀과 선수들을 보며 소리를 지르고, 승리의 순간에 하이파이브를 하며 응원을 하다 보면 우리 가족이 야구로 하나가 되어 있음을 느낍니다.

야구는 인생과 닮았습니다. 아니 날마다 치러지는 매 경기가 한 편의 다른 스토리를 가진 인생 이야기라는 생각이 듭니다. 한 경기는 팀별로 공격과 수비를 번갈아 가며 9이닝 동안 공격을 하고 9이닝 동안 수비를 합니다. 1이닝을 10세로 계산을 하면 평균수명이 80세를 넘어 90세를 바라보는 인생의 기간과 비슷합니다. 야구는 9이닝에 승부가 끝나지 않으면 연장전 경기를 합니다. 100세 시대를 바라보는 우리의 인생은 9이닝을 넘어가서 치러지는 연장전 경기라고 보면 될 듯합니다.

야구에서 투수는 선발과 불펜구원, 마무리로 역할이 나누어져 있는데 선발 투수는 5회를 넘겨야 승리 투수 요건이 되기에 대부분 선발투수는

5이닝 이후까지 공을 던집니다. 물론 처음부터 끝까지 완투하는 선수도 있습니다. 선발투수가 내려가면 본격적인 구원투수의 대결이 시작되고, 9회가 되면 마무리 투수의 대결을 하게 됩니다.

선발투수가 내려오는 시점을 다니던 회사에서 1차 퇴직으로 생각하면 구원투수는 인생 후반전이라고 설정할 수 있겠습니다. 현대 야구는 구원과 마무리 투수의 역할이 점점 중요해지고 있습니다. 야구는 인생의 축소판입니다.

물론 선취 득점이 중요하지만 야구는 중반 이후에도 얼마든지 역전이 가능한 경기입니다. 선발투수가 실점을 해서 지고 있는 상황에서 마운드를 내려가도 구원투수와 마무리투수가 실점을 막아주면 타자들의 공격으로 역전이 가능합니다. 우리들의 인생도 전반전에서 이루지 못한 꿈을 후반전에 이룰 수 있는 기회가 주어져 있습니다. 선발투수는 긴 이닝을 던지는 투수지만 구원투수는 1이닝이나 한 명의 타자만 상대를 하기도 합니다. 1차 퇴직 후에 2막, 3막, 아니 더 많은 커리어를 만들어 갈 수도 있을 것입니다. 현대 야구에서 구원투수가 중요하듯이 우리의 인생도 후반전에 사용할 체력을 비축하고 전략을 잘 짠다면 인생 후반전에 역전 드라마를 만들어낼 수 있습니다.

야구는 인간 중심의 스포츠입니다. 축구, 농구, 배구 등 다른 종목의 스포츠는 공이 골대, 네트, 바스켓을 통과해야 이기지만 야구는 사람이 들어와야 이기는 경기입니다. 개인의 실력도 중요하지만 팀 플레이가 우선되는 경기입니다. 그리고 야구는 출발했던 곳으로 다시 돌아오는 경기입니다. 타자는 홈플레이트에서 타격을 하고 1루, 2루, 3루 베이스를 거쳐서 다시 홈으로 들어와야 득점이 됩니다. 출발했던 곳으로 다시 돌아오고 싶어 하는 인간의 본능에 가장 가까운 경기인 것입니다. 우리 인생도 마찬가지가 아닐까요? 인간은 언젠가는 왔던 곳으로 다시 돌아가야 합니다. 그래서 한 번뿐인 인생을 허비하지 않고 충실하게 살아야 합니다.

야구를 좋아하는 사람들이 제일 싫어하는 요일은 무슨 요일일까요? 정답은 월요일입니다. 월요일은 야구 경기를 안 하기 때문입니다. 저도 월요일이 되면 뭔가 허전합니다. "1년 중에서 가장 슬픈 날은 야구 시즌이 끝나는 날이다." LA 다저스 감독이었던 토미 라소다의 말입니다. 야구 시즌이 끝나는 11월부터 야구가 다시 시작하는 3월까지 5개월 동안 야구 마니아들은 연봉 협상과 트레이드, 전지훈련, 시범경기 등의 소식에 관심을 기울이며 시즌을 기다립니다.

선수 시절 양신梁神으로 불렸던 양준혁 선수가 은퇴 후 했던 인터뷰 기사를 기억합니다.

"제 통산 타율이 3할1푼6리인데 내야 안타가 159개입니다. 아웃될 것 같아도 1루까지 죽기 살기로 뛰는 거죠. 열심히 뛰면 상대 내야수도 다급해지기 때문에 에러가 나옵니다. 그게 없었으면 저도 2할9푼 타자에 불과했을 겁니다. 결과는 하늘과 땅 차이인 셈이죠. 단 1%의 가능성이라도 믿고 달려야 합니다".

양준혁 선수는 땅볼을 치더라도 1루까지 가장 열심히 뛰는 선수로 유명했습니다. 통산 2,318개 안타를 쳤고 2018년 박용택 선수에 의해 기록이 깨지기 전까지 KBO 최다 안타 기록을 보유하고 있었습니다. 이렇게 잘했던 선수도 아웃이 확정될 때까지는 세이프와 아웃 사이에서 포기하지 않고 전력 질주했음을 알게 되었습니다.

인문 경영학의 아버지라 불리는 피터 드러커는 예순다섯 살에 본격적으로 책을 쓰기 시작해서 아흔여섯 살까지 무려 30여 권의 책을 썼다고 합니다. 그리고 본인이 쓴 저서 가운데 최고의 책이 무엇이냐는 질문에 항상 "다음에 나올 책"이라고 답했습니다.

저의 현재 커리어는 야구 경기로 비교해보면 이제 겨우 선발투수가 내려왔을 뿐입니다. 아직 경기는 끝나지 않았습니다. '야구는 9회말 2아웃부터'입니다. "끝날 때까지 끝난 게 아닙니다." 앞으로 해야 할 일이 너무 많습니다. 하고 싶은 일도 너무 많습니다. 이렇게 생각하니 가슴이 벅차오르고 설렙니다. 이제는 구원투수로 나서든 대타로 나서든 제 이름이 불렸을 때 제 몫을 다하여 팀의 승리에 기여할 수 있는 그런 선수가 되고 싶습니다. 남은 인생도 "끝날 때까지 끝난 게 아닙니다".

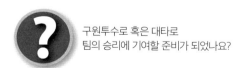

구원투수로 혹은 대타로
팀의 승리에 기여할 준비가 되었나요?

인생을
낭비한 죄

영화 제목이기도 한 '빠삐용'은 살인죄로 종신형을 받고 여덟 번이나 탈옥을 하면서 누명을 벗으려 합니다. 어느 날 꿈에 빠삐용이 사막 한가운데로 걸어가는데, 맞은편에 재판관과 배심원들이 앉아 있습니다. 빠삐용은 살인을 하지 않았다고 결백을 주장합니다. 그러자 재판관이 이렇게 말합니다.

> "너는 인간으로서 가장 중한 죄를 지었다. 너를 기소한다. 바로 인생을 낭비한 죄다."

재판장의 준엄한 심판에 말없이 돌아서던 빠삐용의 모습이 기억에 남아 있습니다.

'인생을 낭비한 죄'라고? 진정 우리가 어떤 삶을 살아가고 있는지 돌아보게 합니다. 여기서 낭비란 '시간이나 재물 따위를 헛되이 헤프게 씀'을 의미합니다. 자신의 시간과 열정을 꼭 써야 할 곳에 쓰지 않고 필요하지 않은 곳에 사용하는 것을 말합니다. 연습으로 살아볼 수 없는, 단 한 번만 주어지는 인생을 의미 있게 살아가야 합니다.

그럼 인생을 낭비하는 죄에 해당하는 일은 어떤 것이 있을까요?

첫 번째로 자신의 재능과 능력을 알지 못하고 살아가는 것입니다. 성경에 '달란트'의 비유가 있습니다. 어떤 사람이 먼 길을 떠나면서 세 명의 종에게 각각 금 다섯 달란트와 두 달란트, 한 달란트를 맡겼습니다. 이윽고 주인이 돌아와서 결산을 하게 되었습니다. 다섯 달란트를 받은 종과 두 달란트를 받은 종은 바로 장사를 시작해 각각 다섯 달란트와 두 달란트를 남겼습니다. 그들은 "착하고 충성된 종"이라고 주인에게 칭찬을 받았습니다. 그러나 한 달란트를 맡은 종은 "악하고 게으른 종"이라 책망을 받았습니다. 왜냐하면 그는 잃어버릴 것을 염려해 주인에게 받은 달란트를 땅을 파고 감춰두었을 뿐 아무것도 하지 않았기 때문입니다.

여기에서 달란트는 현재 사용하는 용어로 'Talent' 즉 개인의 재능과 능력을 뜻합니다. 이 비유에서 달란트의 개수는 개인별로 각기 다른 재능을 가지고 있음을 말합니다. 여기서 중요한 것은 달란트 개수가 아니라 각자의 능력과 역량에 따라 달란트를 어떻게 활용했느냐에 있습니다.

먼저 내가 누구인가를 알아야 하고 신으로부터 자신이 받은 재능이 무엇인지를 아는 것이 중요합니다. 모두에게 공평하게 주어진 인생을 살아가며 자신의 재능을 땅에 그대로 묻어두는 어리석음을 범하지 말아야 합니다. 다른 사람의 달란트를 부러워하지 말고 자신에게 주어진 달란트를 가지고 더 남겨야 합니다.

두 번째는 자신이 가야 할 곳이 아닌 다른 방향으로 가는 것입니다. 이승엽은 프로 입단 당시 '투수' 유망주였지만 중학교 시절부터 따라다닌 팔꿈치 부상으로 타자로 전향했습니다. 전향轉向, convert의 사전적 의미는 '방향을 바꾸다'입니다. 사전에 나와 있는 의미는 매우 간단하지만, 사실 익숙한 무엇인가를 바꾼다는 것은 상당히 어려운 일입니다. 이승엽 선수는 한국과 일본 리그를 합쳐 23년간 선수 생활을 하면서 627개의 홈런을 치며 '국민타자' 명칭을 얻었습니다. 그는 은퇴 후 기자회견에서 이런 말을 했습니다.

> "만약 제가 투수로 남았으면 평범하게 은퇴하고 지금쯤 유소년 선수들에게 야구를 가르치고 있을 것입니다. 하지만 투수 이승엽은 상상하기 어렵습니다. 저에게 타자 전향은 천운과도 같은 순간이었습니다."

지금 목적지를 향해 맞게 가고 있는지 생각해보셨습니까? 저는 고등학교 1학년 때 선택한 이과의 길을 지금까지 걸어왔습니다. 그러나 이제는 문과의 길로 가보고 싶은 마음의 움직임이 있습니다. 아직은 두 갈래의 길을 함께 가고 있지만 언젠가는 선택해야 하는 순간이 올지 모르겠습니다. 제가 지금까지 해온 일과 관심 분야를 융합한 새로운 길을 만들어 갈 수도 있을 것입니다. 제가 지금 가고 있는 길이 다른 방향이라면 과감하게 전향을 고려해도 좋을 것입니다. 가던 길을 돌아서서 다른 방향으로 가는 것은 쉬운 일은 아닙니다. 그러나 지금 가고 있는 길이 목적지와 다르다고 인지했다면 빨리 전향하는 것이 목적지에 도착해서 후회하는 것보다 더 빠를 수 있습니다.

세 번째는 내가 아닌 다른 사람으로 사는 것입니다. 변화경영전문가 구본형은 칼럼에서 다음과 같이 썼습니다.

> "다른 사람이 시키는 원치 않는 일을 하며 평생을 살지 않을 것이다. 기름진 저녁 한 상을 벌기 위해 자유로운 시간을 팔지 않을 것이다. 인생을 낭비하지 않는다는 것은 자기 자신이 되어 산다는 것을 말한다."

회사에서 주어진 직급에 따른 보직이나 명함에 새겨진 직함을 자기 자신으로 착각하고 사는 사람들이 있습니다. 언제까지나 영원할 거라 생각하며 살아갑니다. 회사에 나의 시간을 통째로 맡기고 살아가는 직장인은 연극무대 위에서 역할에 맞는 연기를 하는 배우에 지나지 않습니다. 배우는 시나리오에 맞추어서 배역을 해야 합니다. 연극이 끝나고 조명이 꺼지면 배우들도 분장을 지우고 무대 위에서 객석으로 내려와야 합니다. 그때부터가 '진짜 나'의 삶이 시작될 것입니다.

구본형은 또 이렇게 말합니다.

> "그러나 하루에 한 시간이라도 나의 삶을 즐길 것이다. 언젠가 그 하루 전체를 즐길 수 있기를 바란다. 어쩌면 삶은, 온통 자유로운 시간으로 이루어진 하루를 얻기 위한 싸움과 인내인지 모른다. 그리고 그 속에서 건져낸 슬픔과 깨달음 그리고 행복인지 모른다. 나는 오직 내가 되어, 60억 인류 속에 서로 같지 않은 하나로 살다 가고 싶다. 그때 신은 나에게 '자신이 허락한 유일한 인생을

낭비한 죄'를 나에게 묻지 않을 것이다."

정말 공감이 되는 글입니다. 인생을 낭비하지 않고 살아간다는 것은 내가 잘하는 것과 하고 싶은 것에 집중하며 살아가는 것입니다. 바로 그곳에 자신의 역량과 능력을 맘껏 발휘하며 삶의 의미와 보람을 키우고 가꾸는 일입니다. 그런데 인생을 살아가다 보면 내가 생각하는 목표가 바뀔 수 있습니다. 더 잘하는 재능을 발견할 수도 있습니다. 그럴 때는 과감하게 방향을 바꿔야 합니다. 내가 삶의 주인공인데 못 바꿀 이유가 없습니다.

저도 온통 자유로운 시간으로 이루어진 하루를 얻기 위한 싸움을 시작했습니다. 남이 아닌 내가 되기 위해 먼저 나를 알아가고 있습니다. 나에게 맡겨진 달란트가 무엇인지 발견해가고 있습니다. 발견한 달란트를 성장시키고 발전시키고 있습니다. 성장시킨 그 재능을 가지고 다른 사람들에게 선한 영향력을 끼치고 싶습니다.

저는 지금 책을 쓰는 일이 바로 그 싸움의 시작이라고 생각합니다. 이 싸움이 어떤 방향으로 진행될지는 아직은 모르겠습니다. 그러나 확실한 것은 글을 쓰고 있는 지금 저에게 인생을 낭비하고 있다는 죄책감은 들지 않는다는 것입니다.

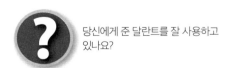
당신에게 준 달란트를 잘 사용하고 있나요?

이 나이에 뭘
어떻게

"앞으로 언젠가는 퇴직을 하겠지만, 퇴직하면 뭘 할까 걱정이야."

회사 재직 중에 오십을 갓 넘은 B 선배가 했던 말입니다.

"선배님 지금부터 준비하세요. 자격증 공부를 해도 좋고 선배님이 하고 싶은 분야를 정하고 준비를 시작하세요".
"이 나이에 뭘 어떻게 해. 책을 보고 있으면 눈이 침침해지고 책을 덮으면 방금 본 것도 기억이 안 나는 걸."

중년의 나이를 보내고 있는 지인들과 인생 후반전 관련 이야기를 나누다 보면 B 선배와 같은 말을 많이 듣습니다. 저는 이 말에 가장 마음 아프고 안타까웠습니다. 그렇게 말하는 분들을 붙들고서 "아직 늦지 않았습니다. 아직 늦지 않았습니다"라고 말하고 싶습니다.

평균 수명을 90세로 잡고 이것을 24시간으로 바꿔보았습니다. 그랬더니 45세는 12시 정오, 50세는 오후 1시 20분, 55세는 오후 2시 40분, 60세는 오후 4시, 65세는 오후 5시 20분이 됩니다. 자기 나이에 16을 곱하면 자신의 시간분을 알 수 있습니다. 아직은 왕성하게 활동해야 하는 시기입니다. 50세는 하루로 계산하면 불과 오후 1시가 조금 지났을 뿐인데 나이 탓을 하며 아무 일도 하지 않고 현상유지만 하려는 것은 아니겠죠? 60세라 해도 겨우 오후 4시이니 아직은 바쁜 삶을 살아야 할 시간입니다.

인생의 숙제는 오전에만 해야 하는 게 아닙니다. 평균수명이 늘어난 지금은 오후에도 해야 할 인생의 숙제가 있습니다. 오전 숙제를 잘한 사람들은 가고 싶은 회사에 입사해 직장인으로 또는 사회의 여러 분야에서 역할을 담당하고 있습니다. 자신의 위치에서 인정받으며 인생 전반전을 마쳤거나 마치려고 합니다. 인생 전반을 모범생으로 보낸 분들도 오후 숙제를 충실히 해야 하고, 오전에 숙제를 못해서 힘든 전반을 보낸 분들은 지금부터 오후 숙제를 잘해야 합니다. 극적인 반전을 이루어내면 전반과는 다른 찬란한 인생 후반을 맞이할 수 있습니다.

집에서 도보로 15분 거리에 시립도서관이 있습니다. 그 도서관은 제가 군 복무기간에 세워졌습니다. 대학 복학 후 그곳에서 취업 준비를 했고 기술사 공부도 했습니다. 저에게는 피와 땀이 서린 추억의 장소입니다. 지금도 책을 읽고 글을 쓰기 위해서 방문하곤 합니다. 그곳에 가면 나이가 많은 분들이 책을 읽거나 자격증 공부를 하는 모습을 자주 봅니다.

자격증을 딴 이후 제가 강의를 들었던 학원에서 주말반을 담당하며 강의를 했습니다. 토요일 오후지만, 수강생들의 열기가 뜨거웠습니다. 저와 같이 지방에서 올라와 강의를 받고 있는 분도 있을 겁니다. 수강생 중에 나이가 지긋한 분들에게 다가가 물어보았습니다.

"나이가 많아 보이는데, 공부하기 힘들지 않으세요?"
"제 나이가 올해 예순입니다. 감리 현장에서 오래 근무했습니다. 같은 업무를 하지만 상위 자격증을 가지고 있으면 더 많은 급여를 받을 수 있어요. 저는 목표가 있습니다. 꼭 합격할 겁니다."

그분이 최종 합격을 했는지는 확인할 수 없지만, 그 마음가짐만으로도 그분은 합격을 해서 이전보다 더 나은 일을 하고 있을 거라 믿습니다.

봄에 피는 꽃은 화려하고 아름답습니다. 동백, 목련, 매화, 진달래, 개나리, 벚꽃, 철쭉 등 겨우내 움츠렸던 꽃들이 너도나도 꽃을 피웁니다. 우리 아파트 앞에는 폐선 기찻길에 나무와 꽃을 심어 숲으로 바꾼, '푸른길'이라 불리는 산책로가 있습니다. 그곳에 있는 나무와 꽃들이 모두 봄에 꽃망울을 피우는 건 아닙니다. 묵묵히 자기의 꽃이 피는 시기를 기다리는 나무들도 있습니다. 여름에 꽃을 피우는 백일홍을 비롯해 가을이 되어야 본격적인 꽃을 피우는 국화와 코스모스 등도 있습니다.

인생의 시기로 보면 봄꽃은 인생의 오전의 시간인 전반전이고 가을에 피는 꽃은 인생의 오후 시간인 후반전입니다. 봄꽃의 화려함보다 덜할 수 있지만 가을꽃도 아름다움에서 뒤지지 않습니다.

꽃은 저마다 피는 시기가 다릅니다. 식물은 1년 중 낮과 밤의 상대적 길이를 측정해 꽃을 피우는 시기를 결정한다고 합니다. 혹시나 다른 사람들의 봄꽃을 부러워하고 계신가요? '아직 나의 꽃은 피지 않았다. 나의 꽃은 가을꽃이다' 이렇게 생각하면 후반전을 더 편안한 마음으로 맞이할 수 있습니다. 물론 저 역시 아직 피지 않은 가을꽃이라 생각합니다.

인생 후반전에 위대한 결과와 걸작을 남긴 사람들이 많습니다. KFC 창립자 커넬 샌더스는 예순다섯 살에 자신만의 튀김조리법을 개발해서 첫 계약을 성사시켰고, 맥아더 장군이 인천상륙작전을 지휘했을 당시 나이는 일흔이었다고 합니다. 미켈란젤로는 로마 성베드로 대성전의 돔을 일흔에 완성했고, 하이든과 헨델 등도 일흔이 넘어 불후의 명곡을 남겼습니다. 나이는 숫자에 불과합니다. '이 나이에 내가 어떻게'라는 마음을 먹는 순간 될 일도 되지 않습니다.

'내 나이가 어때서. 사랑하기 딱 좋은 나인데' 이런 노래가사가 있습니다. 이 가사를 이렇게 바꿔보면 어떨까요? '내 나이가 어때서. 시작^{도전}하기 딱 좋은 나인데'로 말입니다. 죽기 전에 가장 후회하는 것을 분석해보면 대부분 '했던 일'이 아니라 하고 싶었던 일을 '하지 않은 것'을 후회한다고 합니다. 인생 후반전은 불안한 미래가 아니라 새로운 선택의 기회입니다. 저는 일흔 살까지는 생산적인 일을 하고 싶습니다. 이 책을 쓴 이후 어떤 방향으로 가게 될지는 모르지만, 그 앞에 펼쳐질 새로운 도전을 마다하지 않을 것입니다. 새로운 시작을 두려워하지 않을 것입니다. 꿈을 이루기에 늦은 나이는 없기 때문입니다.

인생 후반전을 대비해서
해야 할 숙제는 무엇입니까?

바로 지금 오늘, 현재(선물), 가장 젊은 날

"아빠, 이전으로 돌아갈 수 있다면 언제로 돌아가고 싶어요?"

지금은 고등학교 3학년이 된 둘째아들이 중학교 1학년 때 학교 다니기 힘들다면서 했던 말입니다.

"그럼 너는?"

"유치원 때로 가볼까 해요. 그때가 제일 편했던 것 같아요."

"그래? 아빠는 과거로 돌아가고 싶지 않은데? 지금이 좋아."

저는 정말 과거로 돌아가고 싶지 않습니다. 다시 불확실한 미래 앞에서 불안과 초조로 하루하루를 보내고 싶지 않기 때문입니다. 돌아간다해도 더 잘할 자신이 없기도 합니다. 저는 지금이 좋습니다. 제가 결정하고 실천에 옮기면 하고 싶은 일을 할 수 있기 때문입니다.

이 세상에서 가장 공평한 것은 시간입니다. 누구에게나 인생은 한 번이고, 오늘은 모든 사람들에게 단 한번만 주어지는 3만 일 중의 하루입니다. 자신에게 주어진 오늘을 가슴 벅차게 보내야 합니다. 이미 자신에게 주어진 젊은 시절을 보낸 후에 그 시절을 다시 그리워하며 살아가는 것은 너무 이기적일 수도 있습니다. 지난 시간은 나중에 태어난 세대들의 시간입니다. 지난 시간을 충실하게 잘 보낸 사람은 지나간 시간의 보상과 선물을 받을 것이고 잘 보내지 못하고 낭비를 한 사람들은 지나간 시간에게 보복을 당할 수 있습니다.

　　과거는 이미 지나간 시간이고 미래는 아직 오지 않은 시간이니 그리워하고 동경한다 해도 이루어질 수 없는 사랑입니다. 그래도 현재를 살아가기가 힘들다 보니 과거와 미래를 생각하는 것 같습니다. 과거를 바라보며 후회하는 삶이나 장밋빛 미래만을 바라보며 현재를 등한시하는 삶보다는 현재 주어진 길에서 뚜벅뚜벅 한 걸음을 걸어가는 것이 의미가 있다고 생각합니다.

　　저의 SNS 프로필 이름은 '5년 후'입니다. 회사를 다닐 때는 '10년 후'였습니다. 5년 후 미래의 나를 그리면서 오늘을 의미 있게 잘 보내자는 각오입니다. 5년 후 모습은 계속 바뀝니다. 그래서 오늘을 더 소중하게 보내게 됩니다. 현재는 영어로 'PRESENT' 즉 선물입니다. 신이 주신 선물을 헛되이 보내지 않도록 노력해야 합니다. 공평하게 주어진 3만 일의 인생 중에서 단지 하루라고 생각하지 말아야 합니다. 하루하루가 쌓여서 한 사람의 인생이 완성이 되기 때문입니다.

　　배우 차인표는 "최근에 죽은 동생에게 '인석아 사랑해'라는 표현을 한

번도 제대로 못했다"며 "앞으로 하고 싶은 게 있으면 절대로 미루지 말자고 다짐했다"라고 말했습니다. 그러면서 하루 3시간은 'RIGHT NOW' 시간으로 정하고 소신에 따라 하고 싶은 것을 당장 실천에 옮기는 삶을 살고 있다고 합니다.

실제로 실천하는 힘을 가진 사람이 목표를 이룰 확률이 높습니다. 인생 후반전은 작은 일이지만 실천하는 용기가 필요합니다. 대부분의 사람들은 주어진 긴급한 일을 처리하느라 삶의 중요한 일들을 뒤로 미루고 살아갑니다. 직장인들은 밀려오는 업무를 처리하느라 긴급한 일과 중요한 일을 구분하기도 쉽지 않습니다. 시간이 남으면 중요하지도 긴급하지도 않은 일에 긴급한 일이라고 의미를 부여하며 일 처리를 하기도 합니다. 여기서 놓치지 말아야 할 것은 일 때문에 현재의 삶이 희생되어서는 안 된다는 것입니다. 그 삶이 자신의 것이든 가족의 것이든 말입니다. 일은 삶의 일부분입니다. 삶과 일을 혼동하면 안 됩니다.

'지금은 승진과 성공을 위해 더 달려야 하니까 가족은 나중에 챙기면 될 거야.'
'이번 사업 아이템에 대한 반응이 좋으니 내 건강은 나중에 챙기면 될 거야.'

물론 물이 들어왔을 때 노를 저어야 한다는 말이 있기는 합니다. 그러나 가족이나 자신에게도 오늘이 중요할 수 있습니다. 가족과 자신이 성공을 위한 일의 희생물이 되면, 다시는 원래 상태로 회복이 어려워질 수도 있습니다. 일과 삶은 어느 쪽이든 나중으로 미루는 희생의 대상이 아닌 균형의 대상이 되어야 합니다.

'우리가 살고 있는 오늘은 어제 죽어간 이들이 그렇게 간절히 바라던 내일이다.'

우리에게 주어진 인생, 짧다고 조급하게 생각하지 않고 의미 있게 살아가기 위해서는 오늘 하루를 잘 보내야 합니다. 오늘 하루의 승패가 모여서 우승의 축배를 들 수 있는 완전한 인생이 되기 때문입니다.

정말 하고 싶은 일이 있는데 미루고 계신가요? 그렇다면 그 일을 바로 지금RIGHT NOW 하시기 바랍니다. 톨스토이의 단편 「세 가지 질문」에서 첫 번째 질문은 "이 세상에서 가장 중요한 시기는 언제입니까?"입니다. 정답은 '현재'이고 '바로 지금'입니다. 사람들은 '언제 한번 식사합시다' '언제 차 한잔 합시다' '언제 한번 만납시다' 이렇게 공수표를 남발합니다. 꼭 만나야 한다면 바로 지금 만나시기 바랍니다. 다음으로 미룬 '언제 한번'은 다시 오지 않을 수도 있습니다.

'나이가 많아서' '이제는 눈이 침침해서' '한번 보고 돌아서면 잊어버려서' '자신이 없어서'…… 핑계 없는 무덤은 없다고 했습니다. 눈이 잘 안 보이면 돋보기를 쓰면 되고, 한번 보고 잊어버리면 기억이 날 때까지 여러 번 보면 됩니다. 한참 시간이 흐른 뒤, "그때 그 일을 해볼걸 그랬어" 이렇게 후회를 할지도 모릅니다. 지금 가슴 한켠에 미루어둔 일이 있으신가요? 생각하고 있는 그 일에 도전해보시기 바랍니다. 언제? 바로 지금. "RIGHT NOW!"

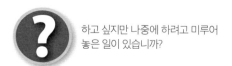

하고 싶지만 나중에 하려고 미루어
놓은 일이 있습니까?

제 5 부

퇴직이
가정의 행복을
가져오다

아빠!
계란밥 해주세요

　아이들이 부모를 필요로 하는 때는 나중이 아닌 바로 지금이라는 것을 알게 되었지만, 아이들과 함께하는 시간을 내기는 쉽지 않았습니다. 평일에는 집 안에서 아이들과 할 수 있는 놀이로 신체 접촉을 늘려나갔습니다. 아들들은 레슬링이나 칼싸움, 총싸움 등 활동량이 많은 놀이를 좋아합니다. 함께 놀이를 하다 보면 땀으로 흠뻑 젖는 경우가 많이 있습니다.

　아이들이 초등학교 저학년 때였습니다. 주말에는 아파트 놀이터로 나가서 두 살 터울인 두 아들과 캐치볼을 했습니다. 오랜만에 하는 운동이라 서툴렀지만, 실외 운동을 많이 하지 않았던 아이들을 가르쳐줄 수준은 되었습니다. 우리 셋은 소프트 야구공과 배트를 가지고 투수, 포수, 타자의 역할을 번갈아 가며 놀이를 했습니다. 아이들은 아빠와 보내는 시간을 즐거워했습니다. 주말이 되면 아이들이 먼저 "아빠, 야구하러 가요" 합니다. 저는 쉬고 싶었지만 아이들이 요청하면 기꺼이 나가서 함께 땀을 흘렸습니다.

아이들의 성장기를 함께하기 위해 퇴직을 결정한 것은 아니지만, 퇴직을 결심한 이유 중 높은 순위에 들어 있었던 것은 사실입니다. 우리 부부는 한 사람은 시외로 출퇴근하고, 한 사람은 불규칙한 출퇴근 시간 때문에 가사는 물론 아이들을 제대로 돌보지 못한다는 자책과 스트레스가 심했습니다.

퇴직 전의 일상은 늘 똑같았습니다. 아침에 일어나면 아내가 식사를 준비하고, 저는 아침잠에 취해 일어나지 못하는 아이들을 깨워 학교 갈 준비를 시킵니다. 엄마, 아빠가 출근하고 난 뒤 아이들은 시간에 맞춰 등교를 합니다. 아이들은 학교를 마친 뒤 아무도 반겨주지 않는 집에 돌아와 조금 머물다가 학원을 갑니다. 집에 아이들만 있는 시간을 줄이려 하다 보니 여러 개의 학원을 돌아다니다가 늦은 시간에 집으로 돌아옵니다. 우리 부부는 먼저 퇴근하는 사람이 아침식사 후의 설거지를 시작으로 어질러진 집 안을 치웁니다.

"또 회식이야? 오늘도 나 혼자 다 해야 하잖아!"

제가 회식으로 늦는다고 전화를 하면, 먼저 퇴근한 아내는 짜증 섞인 말투로 전화를 받습니다. 각자 회사에서 받은 스트레스가 있기에 평일의 저녁시간은 서로에 대한 위로보다는 갈등과 상처의 시간으로 보내야만 했습니다.

제가 퇴직했을 때 큰아이는 중학교 3학년, 둘째는 중학교 1학년이었습니다. 사춘기에 막 접어든 시기였습니다. 퇴직 후 저의 가장 큰 변화는 가족 구성원을 돌보는 일이었습니다. 아내가 출근을 하고 나면 아이들을 깨워서 밥을 차려주고, 등교하는 아이들을 꼭 안아주며 배웅했습니다.

학교에서 돌아온 아이들을 반갑게 맞아주고, 저녁을 먹고 학원으로 가는 아이들에게 '파이팅'을 외치며 배웅해주었습니다. 집에 오면 반겨주는 사람이 있다고 아이들은 정말 좋아했습니다. 전에는 저희들끼리 알아서 냉장고에 있는 반찬을 꺼내 밥을 차려 먹고 가던 아이들이라 아빠가 차려주는 밥을 좋아했습니다.

그러던 어느 날이었습니다. 날마다 아내가 해놓은 반찬을 차려만 주다 보니 식상했는지 "아빠 다른 반찬은 없어요?" 하는 것이었습니다. 당시 제가 할 줄 아는 요리는 계란프라이와 라면 정도였습니다. 그래서 계란프라이를 가지고 할 수 있는 요리가 없을까 고심하다가 계란밥을 만들어주었습니다.

먼저 큰 그릇에 밥을 넣고 반숙으로 익힌 계란프라이, 간장, 참기름, 마요네즈, 케첩, 우유를 넣고 비볐습니다. 참기름이 들어가 고소한데다 아이들이 좋아하는 우유, 마요네즈와 케첩이 들어가서 제법 맛있는 제 나름의 영양식이 되었습니다. 아이들은 아빠가 만들어준 계란밥을 맛있게 먹었습니다.

지금도 가끔 아들들은 "아빠 계란밥 해주세요"라고 합니다. 아이들에게 인정받은 메뉴입니다. 계란밥은, 제가 퇴직 후 아이들에게 직접 해주었던 사랑의 음식으로 기억에 남아 있습니다.

사춘기의 아이들은 자기주장을 시작합니다. 어른들이 볼 때는 맞지 않을 수도 있지만, 그들만의 시각이 생겨났다는 의미입니다. 우리 아이들도 친구들과의 만남을 중요시하며 말수가 줄었고, 거짓말을 하기도 했습니다. 이렇게 흔들리던 청소년기의 아이들이 집에 오면 반갑게 맞이해주고 대화를 할 수 있는 아빠가 있는 것만으로도 큰 힘이 되었나 봅니다. 아이들이 심리적인 안정을 찾아가는 시간은 길지 않았습니다. 퇴직 후 아이들에게 도움이 필요할 때 함께했습니다. 제가 원했던 일이었고 저에게는 즐거움이었습니다. 작은 즐거움이 모이면 행복이 됩니다.

아이들이 부모를 필요로 할 때는 함께해주어야 합니다. 지나고 보니 아이들이 부모를 간절히 필요로 하는 시기가 있습니다. 그런데 그 시기는 사회생활을 하는 부모들도 가장 바쁜 때입니다. 그래서 그 시기를 놓칩니다. 아이들이 한창 성장하는 시기에 부모와 함께한 기억은 가슴에 새기고 평생을 살아가는 힘이 됩니다. 부모와의 좋은 추억과 사랑받은 경험이 많은 아이는 인생을 살아가며 어려운 문제에 부딪치고 흔들릴 때에도 의연하게 극복할 수 있는 마음의 근력을 가지게 됩니다.

부모들은 더 많은 부를 남겨주기 위해 동분서주하지만 정작 자녀들이 간절히 원할 때는 함께하지 못하는 경우가 많습니다. 그러나 시간은 기다려주지 않습니다. 일과 가정의 균형을 맞추며 살아가야 하는 이유입니다. 부모와의 아름다운 추억을 간직하고 자라나는 아이들은 평생을 가슴 따뜻한 사람으로 살아갑니다. 사춘기의 터널을 무사히 건너온 아이들은 이제 아빠보다 키가 더 크지만 저와 포옹을 합니다. 그리고 저는 여전히 아침마다 학교 가는 아이들을 안아주고 볼을 만져주고 등을 두드려줍니다. 집에 오면 수다를 떨면서 학교에서 일어난 일들을 이야기합니다.

지금은 제가 할 수 있는 요리가 김치찌개, 두부김치, 김치전, 미역국 등으로 늘었습니다. 하지만 지금도 아이들은 오랜만에 계란밥을 만들어주면 "그래 바로 이 맛이야" 하면서 아빠의 계란밥을 추억의 맛으로 기억합니다. 아이들이 훌쩍 큰 이후 지난날을 회상하며 '아빠가 퇴직한 후 우리를 잘 챙겨주셨지. 그리고 우리를 위해 정성스런 계란밥을 해주셨지' 하고 좋은 기억으로 간직하며 자란다면 저에게는 큰 기쁨이고 보람이 될 것입니다.

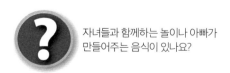

자녀들과 함께하는 놀이나 아빠가
만들어주는 음식이 있나요?

자녀들에게
남겨주어야 할 것은?

　부모가 자녀들에게 남겨주어야 할 것은 무엇일까요? 재산? 우리 아이들이 살아가야 할 세상은 지금보다 살아가기 힘들고 어려울 것이 분명해 보입니다. 다른 사람들과 경쟁에서 이겨야 하고, 새롭게 펼쳐지는 세상의 가치관에 흔들리고 적응하며 살아가야 할 것입니다. 그럼에도 우리 아이들이 자존감을 가지고 살아갈 수 있도록 하는 것은 '나는 사랑받기 위해 태어난 사람이고, 나는 가족에게 사랑을 받고 자랐다'라는 마음속의 믿음일 것입니다.

좋은 추억

　저는 아이들에게 물려주어야 할 것은 '좋은 추억'과 '좋은 습관'이라고 생각합니다. 가족과 함께한 어린 시절의 추억은 여러 가지가 있을 수 있겠지만, 가족과 함께 집을 떠나서 보냈던 경험은 오랫동안 기억에 남을 것입니다.

큰아이가 초등학교 1학년 때였습니다. 아이는 비행기 여행을 하는 모습이 그려진 그림책을 며칠 동안 유심히 보고 있었습니다.

"아빠, 저도 비행기를 타고 싶어요."

우리 가족은 지방에 살고 있었기에 비행기를 타고 '어린이대공원'으로 서울 여행을 떠났습니다. 동물원도 구경하고 놀이기구도 탔습니다. 재미있는 시간을 보내고 집에 돌아왔습니다. 저는 아이들에게 자랑스럽게 비행기를 탄 소감을 물어보았습니다. 그러나 큰아이의 얼굴이 만족스럽지 않아 보였습니다.

"아빠, 그런데 우리가 탄 비행기는 왜 밥이 안 나왔어요?"

나중에 알고 보니 아이는 비행기에서 '기내식'을 먹고 있는 그림책을 보았던 것이었습니다. 그날 이후 아이들과 함께 기내식이 나오는 비행기를 타는 것이 마음의 숙제가 되었습니다. 해외여행을 가야 했습니다.

큰아이가 초등학교 3학년, 둘째가 1학년이 되었을 때 중국 북경으로 처음 해외여행을 갔습니다. 기내식을 신기해하며 맛있게 먹던 아이들 모습이 눈에 선합니다. 아직은 어렸을 때라 여행 전체는 잘 기억하지 못하지만, 때때로 모여 앉아 그때 사진을 보며 즐거워합니다.

우리 가족은 북경을 시작으로 중국 상해, 미국 서부, 태국, 베트남, 캄보디아, 서유럽, 다시 북경, 필리핀 그리고 작년에는 홍콩으로 여행을 다녀왔습니다. 이제 10년이 되었습니다. 1년에 한 번은 아이들을 데리고 해외 여행을 다녀옵니다. 이제 아이들은 대학생과 고등학생이 되었지만 부모와 함께 가는 여행은 언제든지 따라 나섭니다. 패키지로 함께 여행을 하는 다른 분들이 "이렇게 커서도 부모를 따라 여행을 오네요?"라고 하며 좋아 보인다고 합니다. 아이들에게 물어보았습니다.

"저희는 아빠랑 엄마랑 하는 여행이 재미있는데요?"

그렇게 이야기해주니 고마울 따름입니다.

여행을 다녀오면 포토북을 만들어서 아이들의 기억에 남을 수 있도록 했습니다. 요즘은 스마트폰으로 사진을 찍고 인화를 따로 하지 않으므로 저장공간에서 잠자고 있는 사진이 대부분입니다. 혹시나 PC에서 잠자고 있는 사진이 있다면 꼭 백업을 해두시기 바랍니다. 지인 중에 한 사람이 최근 랜섬웨어컴퓨터 사용자의 파일을 담보로 금전을 요구하는 악성 프로그램라는 컴퓨터 바이러스에 감염되어 PC를 포맷해야만 했습니다. 그 과정에서 저장되어 있던 모든 사진을 잃었습니다. 거기에는 가족들이 오래전부터 함께했던 사진들이 포함되어 있어서 너무 아쉬워했습니다.

간혹 비싼 여행 비용이 부담스럽지 않느냐고 묻는 분들이 있습니다. 그러나 가족과 함께한 시간과 공간의 추억은 돈으로 산정할 수 없는 소중한 자산이 될 거라 믿습니다. 여행하는 동안 얼마를 썼느냐가 문제가 아니라 평생 사용하게 될 추억 통장에 저축된 행복한 기억들의 가격은 돈으로 산정할 수 없을 것이라 생각합니다. 그래서 우리 가족은 올해도 여건이 허락한다면 함께 여행을 갈 것입니다.

저는 아들만 둘이어서 아이들이 어렸을 때는 함께 뒹굴면서 신체 접촉을 하는 활동을 많이 했습니다. 실내에서 주로 생활하던 아이들이라 실외에서 아빠와 함께하는 야구놀이를 좋아했습니다. 지금도 간혹 주말이 되면 그 시절 생각이 난 둘째가 한번씩 운동을 나가자고 제의를 하곤 합니다만, 막상 나가보면 그때만큼 재미는 없나 봅니다.

즐거운 추억, 행복한 추억, 힘들었던 추억들이 현재의 나를 이루고 있습니다. 행복한 추억이 많은 아이들이 행복한 어른이 될 거라 생각합니다. 사랑을 받은 사람들이 사랑을 나누며 살듯이 행복한 추억이 많은 사람이 행복한 추억을 만들고 나누며 살아가는 어른이 될 거라 믿습니다. 살아가며 힘이 드는 순간을 맞이하더라도 행복 추억 통장에 남은 잔고가 많은 사람들은 의연하게 헤쳐나갈 수 있습니다. 아이들에게 좋은 추억을 남겨주기 위한 우리 가족의 선택은 가족과 함께하는 여행을 통해 좋은 추억 만들기였습니다.

좋은 습관

아이들이 자라면서 무의식 중에 몸에 밴 좋은 습관은 성인이 되어서도 바른 인성으로 살아가는 데 도움을 줄 것입니다. 우리 부부는 아이들이 인사 잘하는 아이들로 자라기를 바랐습니다. 아파트 엘리베이터에서 어른들을 만나면 우리 아이들은 먼저 "안녕하세요" 하며 인사를 합니다. 인사를 받은 어른들은 인사 잘한다고 칭찬을 해줍니다. 무럭무럭 잘 자란다는 덕담은 보너스입니다. 지금도 간혹 그때 어른들을 만나면 인사 잘

174

하던 아이들이 이렇게 키가 컸냐고 말해줍니다. 인사 잘해서 손해 보는 일은 없을 것입니다.

또한 일찍 자는 습관을 가지게 하고 싶었습니다. 요즘 청소년들은 너무 늦게 잠자리에 듭니다. 공부가 아니라 컴퓨터나 스마트폰 게임을 하다가 늦게 자는 아이들이 있습니다. 우리 아이들은 7시간 이상 자고, 그렇게 하기 위해 12시 이전에 잠자리에 들도록 했습니다. 큰아들은 대학 생활을 하면서 다소 불규칙하게 되었지만 우리 집은 지금도 12시 이전에 잠자리에 듭니다.

그리고 또 하나, 편식하지 않는 습관을 가지게 하고 싶었습니다. 그렇게 노력을 했음에도 큰아들은 아직도 몇 가지 음식에 대해 편식을 합니다. 반면에 둘째는 가리는 음식 없이 골고루 잘 먹습니다. 잘 자고 잘 먹어서 그런지 두 아들은 사춘기와 성장기를 육체적으로나 정신적으로 건강하게 잘 보냈고, 보내고 있습니다.

아내는 아이들에게 책상 정리하기, 입은 옷 빨래통에 넣기, 옷 벗어 옷걸이에 걸기, 밥 먹은 그릇 싱크대에 가져다 두기, 엄마·아빠가 없을 때는 먹은 그릇 설거지하기 등을 습관으로 가질 수 있도록 했습니다. 아들들이라서 잘 지켜지지 않을 때도 있지만 부부 모임이 있어서 외출하고 돌아왔을 때 자기들끼리 라면 끓여 먹고 설거지를 해놓은 모습을 보면 나중에 결혼해서도 아내에게 사랑을 받을 거라 생각됩니다.

아이들은 부모의 뒷모습을 보며 자란다고 합니다. 잔소리가 아니라 '본'을 보여야 합니다. 하지만 저는, 제 자신도 잘 못하면서 아이들에게는 잘 하라고 잔소리를 하기도 합니다. 실제 행동으로 본보기를 보이는 부모 되기가 이렇게 어려운가 봅니다.

　우리나라 부모들은 많은 재산을 남겨주기 위해 자녀들이 엄마·아빠를 간절히 원할 때 함께하지 못하는 경우가 많습니다. "다 너희들을 위한 것이니 기다려라"라고 합니다. 그러나 시간은 기다려주지 않습니다. 그렇게 해서라도 꼭 아이들에게 재산을 남겨주어야 할까요?

　유대인들은 자식들에게 고기를 잡아주지 않고 고기 잡는 방법을 가르쳐준다고 합니다. 고기를 잡아주면 당장은 배불리 먹을 수 있겠지만 고기 잡는 방법을 가르쳐주면 평생을 행복하게 살아갈 수 있기 때문입니다.

　부모와의 아름답고 즐거운 추억을 간직하고 있는 사람은 평생을 가슴 따뜻한 사람으로 살아갈 것입니다. 우리 아이들이 아름다운 추억을 다른 사람들과 나누며 행복한 어른으로 살아가면 좋겠습니다. 살아가면서 힘들고 어려운 시기가 있을 것입니다. 그때마다 꺼내어서 쓸 수 있는 추억 통장의 잔고가 많았으면 좋겠습니다.

　어려서부터 형성된 좋은 습관은 생각과 행동을 바꾸고 긴 인생을 살아가는 여정에서 올바른 방향을 설정하고 살아가게 할 것입니다. 아이들이 좋은 추억과 좋은 습관을 가지고 올바른 어른으로 살아가면 좋겠습니다.

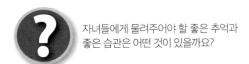

자녀들에게 물려주어야 할 좋은 추억과
좋은 습관은 어떤 것이 있을까요?

나는 **퇴직**을
미루지
않기로 했다

일의 성공과
가정의 행복을 함께하기

우리는 누구나 성공하기를 원합니다. 성공의 덕목은 개인별로 다를 수 있겠지만 대체로 명예, 권력, 부, 지위 등입니다. 왜 그토록 성공하려 하냐고 물어보면 대부분 "나 자신을 위해서인가요, 우리 가족의 행복을 위해서지요"라고 대답합니다. 정말 그럴까요? 가족들도 그런 성공을 바랄까요?

직장인들은 대부분 정말 바쁘게 살아갑니다. 출근할 때부터 퇴근할 때까지 삶의 가장 우선순위를 회사에 두고 살아갑니다. 혹시나 경쟁에서 밀리면 실패자로 인식되기 때문에 회사라는 전쟁터에서 살아남기 위해서 치열하게 생존경쟁을 하며 살아갑니다. 가족들이 도움을 요청하더라도 돌아볼 수 있는 시간과 여력이 없습니다. 그러면서 기다리라고 합니다. 조금만 기다려주면 나중에 돌보아주겠다, 곧 함께할 수 있는 시간이 있을 거라고 말합니다.

저도 그런 삶을 살았습니다. 직장을 가진 아내를 만나 결혼을 했고, 각자의 직장에서 최선을 다하며 아들 둘을 키웠습니다. 그렇게 힘들게 사는 게 당연한 사회인의 모습이라 생각했습니다. 직장에서는 승진과 진급을 위해 동료들과 경쟁했고, 퇴근 후나 주말에도 시간을 투자해서 회사일을 처리했습니다. 집안일과 아이들의 양육은 아내가 주로 맡았습니다. 부부의 대화 시간도 절대적으로 부족했고 갈등도 심했습니다.

아이들은 기저귀를 차고 있던 어린 시절부터 어린이집과 유치원의 종일반에 등록해 그곳에서 생활해야 했습니다. 초등학교 때는 학교를 마친 뒤에도 부모가 퇴근하는 시간까지 영어, 수학, 미술, 음악 학원들을 돌아가며 시간을 보내야 했습니다. 맞벌이 부부의 전형적인 모습입니다. 그러면서도 우리 부부는 열심히 일하면 승진하고 지위가 올라가고 연봉도 올라가고, 그러면 삶에 여유가 생길 거라 생각했습니다. 하지만 큰 착각이었습니다. 생각대로 되지 않았습니다. 회사에서 지위가 올라가고 더 중요한 부서로 옮겨가니 일은 더 많아지고, 더 많은 시간을 회사에 투자해야 했습니다.

"나는 집에 오면 반겨주는 사람이 없어."

지금은 고등학교 3학년인 둘째아들이 초등학교 2학년 때 한 말입니다. 이 말은 가슴속 깊은 곳으로부터 미안함을 느끼게 했고, 아이들에게 정말 필요한 것이 무엇일까 고민하는 계기가 되었습니다. '엄마와 아빠가 지금은 너희들과 함께하지 못하지만 나중에는 함께할 거야. 더 나은 생활을 위해서 조금만 더 참자.' 대부분의 부모들이 마음속으로 자녀들에게 하는 말입니다. 저도 같은 생각이었고 같은 말을 해주었습니다. 그러나 마음이 편하지 않았습니다.

"우리들에게 엄마, 아빠가 필요한 때는 지금이에요!"

아이들은 이렇게 외치고 있었습니다. 그날 이후 우리 부부는 회사일과 가족, 어느 쪽도 희생하지 않고 함께 살아갈 수 있는 방법이 무엇인지 고민하게 되었습니다. 일 때문에 가정을 희생하거나 가정 때문에 일을 희생하지 않아야 한다고 생각했습니다. 어느 하나에 먼저 집중하고 다른 것은 나중에 돌보아도 된다는 생각도 옳지 않다고 생각했습니다. 어느 한쪽에 치우쳐 살다가 직장이나 가정에서 소외되고 싶지 않았습니다. 그래서 삶의 균형을 찾고 일과 가정을 함께 돌볼 수 있는 방법을 찾았습니다. 우리 부부가 실천했던 몇 가지 방법을 소개하겠습니다.

첫 번째로, 성공이라고 생각하는 성공의 덕목들을 재규정했습니다. 다른 사람들과의 경쟁에서 이겨서 올라가는 더 높은 지위와 권력 그리고 더 많은 부의 유혹을 내려놓았습니다. 어차피 성공은 상대적인 개념이므로 성공의 척도는 개인마다 다를 수 있습니다. 우리 부부에게 더 가치 있고 의미 있는 일은 회사일과 가정을 함께 돌보면서 부부가 함께 발전하고 성장하는 것이라 생각했습니다. 현재를 포기하는 것이 아닌 현재를 지키면서 미래로 나아가는 것이라 생각했습니다.

두 번째는 가정을 돌볼 시간과 여유를 확보할 수 있는 일을 선택하는 것입니다. 저는 기관의 예산과 교육을 담당하는 지원 업무를 맡고 있었습니다. 그 자리까지 바쁘게 달려왔기에 다른 일을 할 시간의 여유도 없었고 가정을 돌볼 시간도 없었습니다.

그 해에 수행한 업무가 끝나면 연말에 승진이 보장되는 수석팀의 차석 업무를 제안받았지만 다른 선택을 했습니다. 업무를 하면서도 시간적인 여유를 찾을 수 있는 기술지원 업무로 이동한 것입니다. 차석 업무는 퇴근 후 저녁 시간과 주말에도 회사의 현안 사항을 처리하고 해결해야 하기에 많은 시간을 희생해야 합니다. 동료들은 1~2년만 더 고생하면 승진할 텐데 포기하느냐고 걱정을 해주었지만, 저는 일과 가정의 균형을 선택했습니다.

승진을 포기하고 상대적으로 여유가 있는 업무를 맡아 하니 가족들과 함께할 수 있는 일이 많아졌습니다. 부부간에 대화도 늘었고 아이들과 함께하는 시간도 늘어났습니다. 주말이나 연휴 때는 가족 여행을 갔습니다. 서울 고궁과 박물관 투어를 하기도 했고, 신라시대·백제시대의 역사적 유물을 찾아 아이들에게 의미 있는 시간을 선물했습니다. 주말에는 아들을 둔 아빠들의 로망인 캐치볼을 했습니다. 제가 야구를 워낙 좋아하기도 했지만 아이들도 아빠와 함께하는 시간이 좋았나 봅니다.

일은 관리하지 않으면 계속 늘어납니다. 우리가 하는 일들의 우선순위는 중요하고 급한 일이 먼저입니다. 그리고 중요하지 않지만 급한 일을 처리한 다음 급하지 않지만 중요한 일을 처리해야 합니다. 하지만 정작 우리는 중요하지도 않고 급하지도 않은 일을 하느라 중요하고 꼭 하고 싶은 일을 계속하지 못하게 되는 경우가 많습니다.

세 번째로 절실하게 원하지 않는 일을 과감하게 포기했습니다. 저와 가족에게 중요한 것이 무엇인가를 고민했습니다. 직원들과의 회식, 집에서 회사일 하기, 회사일 걱정하기 등 가족과 함께하는 시간을 빼앗는 무의미한 시간들을 줄였습니다. 남은 시간은 재충전과 미래를 준비하는 시간으로 채워나갔습니다. 부부 사이에 대화의 소재가 풍부해지며 행복지수가 높아짐을 느낄 수 있었습니다. 아이들과의 대화 시간도 늘어났습니다.

일과 가정의 균형은 직장에서의 성공과 가정의 행복 가운데 어느 한쪽으로 치우침이 없는 상태를 말합니다. 어떻게 일과 가정에서 균형을 찾을 수 있을까요? 우리 가정은 일을 통해서 이루는 성공을 위해 나아가는 것보다 더 가치 있고 의미 있는 것을 얻었습니다. 그것은 나중의 행복을 위해 가정의 행복을 희생하지 않고 가족이 함께하는 '지금'의 시간을 찾는 것이었습니다.

가족이 서로 도움이 필요한 시간은 다음이 아닌 바로 지금이었습니다. 가족끼리 현재의 고민과 생각을 공유하고 서로에게 지속적인 관심을 가져야 합니다. 물론 회사일도 소홀함이 없어야 합니다. 그래서 시간적으로 더 여유를 낼 수 있는 부서와 업무로 이동했습니다.

하지만 이것으로 모든 문제가 해결되지는 않았습니다. 아내의 직장이 출퇴근에 1시간 30분씩 걸리는 목포로 이전을 하게 된 것입니다. 두 아들은 사춘기에 접어들고 있었습니다. 다시 일과 가정을 위한 새로운 변화가 필요한 시점이 다가오고 있었습니다.

'언젠가 때가 되면 과감히 퇴사하고 전반전에 이룬 자격증과 경력을 살려 지금

과 다른 나의 세계를 펼쳐 나갈 수 있다면 얼마나 좋을까?'

마침내 저의 바람은 현실이 되었습니다. 가족들이 저를 필요로 하는 시기에 퇴직을 했습니다. 파트타임으로 이루어진 일의 포트폴리오를 구축했습니다. 일과 가정의 균형을 이룰 수 있는 직업을 선택했습니다. 일의 성공과 가정의 행복을 함께 얻을 수 있는 방법이었습니다.

가정을 돌보며 아침에 출근해서 즐겁게 일하고 퇴근 후에는 가족의 구성원으로 가정을 돌보면서 회사일은 생각하지 않아야 합니다. 집으로 돌아오면 가족과 함께하며 재충전의 시간을 가져야 합니다. 변화하는 환경에 따라서 일과 가정의 균형을 달성하기 위해서는 가정의 구성원들과 진심 어린 대화를 가져야 합니다. 서로가 간절하게 바라는 것을 알아야 하고, 그것을 해결하기 위한 관심과 도움이 필요합니다. 나중이 아니라 바로 지금, 오늘의 행복이 더 중요하기 때문입니다.

 일의 성공과 가정의 행복을 함께 이루기 위하여
나는 무엇을 할 수 있을까요?

파트타임
가정주부

남자들이 주방에 들어가서 요리하는 것이 어색하지 않은 시대입니다. 스타 셰프들의 경연장인 '냉장고를 부탁해'가 높은 인기를 끌고 있습니다. '요리하는 남자' 열풍은 이제 일반 남자들도 요리를 하는 남자 주부 시대를 열고 있습니다.

제가 아는 선배 중에 아직도 아내가 밥을 차려주어야 식사를 하는 분이 있습니다. 아내가 외출하면서 차려놓은 식사를 한 뒤의 설거지도 아내 몫이라고 그냥 둡니다. 그렇게 하다가 은퇴 후에는 어떻게 할 거냐고 해도 아랑곳하지 않습니다.

집집마다 집안일에 대한 부부의 역할이 각기 다릅니다. 그러나 길어진 노후를 행복하게 보내기 위해서는 가사를 분담해야 한다는 의견이 대세가 되어가고 있습니다. 퇴직하기 전에 우리 부부도 집안일에 대한 갈등이 있었습니다. 아내도 직장에 다녔지만 집안일은 거의 아내의 몫이었고, 저는 집안일을 간혹 하면서도 아내가 힘이 드니 '도와준다'라고 생각했습니다. 일반적인 남편들의 시각이었습니다.

그러나 아내는 여자들이 집안일을 전담하는 것은 옳지 않다고 주장했습니다. 또, 집안일을 할 때는 마무리까지 해주기를 바랐습니다. 예를 들어, 설거지를 했으면 행주로 식탁을 닦고, 식탁 주변 정리와 음식물쓰레기까지 버려주는 것입니다. 반면에 남편들은 자주 하는 일이 아니니 서툴러도 이해해주길 바랍니다. 그리고 일을 도와주었으니 마무리는 아내가 해주었으면 합니다.

아내는 정리와 정돈을 잘합니다. 저도 결혼하기 전에는 나름 정돈을 잘한다고 생각했는데, 아내 눈에는 차지 않은 것 같습니다.

퇴직 전 평일의 우리 집은 전쟁터를 방불케 했습니다. 아이들이 어렸을 때는 출근하면서 어린이집과 유치원에 데려다주었습니다. 아이들이 초등학교 시절에는 깨워만 놓고 부부가 먼저 출근을 하기도 했습니다. 퇴근하고 집에 오면 출근할 때 흐트러진 옷가지나 그릇 그리고 바닥에 떨어져 있는 음식물들이 가득합니다. 먼저 퇴근한 사람이 그릇과 옷가지들을 치웁니다. 밖에서 있었던 이야기를 나눌 시간도 없이 정리정돈을 하고 나면 잠잘 시간이 되곤 했습니다.

그나마 아내의 직장이 목포로 이전하기 전까지는 힘들지만 버텨나갔습니다. 그러다 아내의 회사가 목포 이전과 함께 이른 아침에 출근하고 저녁 늦게 퇴근하면서 우리 집안은 소용돌이의 한복판에 서게 되었습니다. 물론 다른 방법도 찾아봤습니다. 가사도우미나 장모님의 도움도 받아봤지만 해결책은 아니었습니다. 저는 가족 모두에게 도움이 되는 방법으로 용기 있는 선택을 해야만 했습니다.

제가 퇴직했을 때 큰아들은 중학교 3학년, 둘째는 중학교 1학년 사춘기의 한복판에 서 있었습니다. 처음에는 잠에 취해 일어나지 못하는 아이들을 깨워 밥을 먹이고 즐거운 마음으로 학교를 보내는 것이 저에게는 가장 중요한 일이었습니다. 아이들은 집에 있는 아빠에게 한동안 적응을 못했습니다. 자신들이 직접 하던 일을 챙겨주니 좋은 면도 있었겠지만 마음대로 할 수 있는 자유를 빼앗겼다고 생각할 수도 있었을 것입니다. 그랬던 아이들이 아빠가 식사를 챙겨주고 학교를 갈 때 배웅해주는 것을 점점 좋아하게 되었습니다. 아이들이 집을 나설 때면 "수고해라. 오늘도 파이팅!" 응원의 말과 함께 볼을 만지고 안아주었습니다. 아이들은 정서적으로 안정을 찾기 시작했고 사춘기의 소용돌이를 벗어나기 시작했습니다.

퇴직한 후 우리 가정은 평화의 집이 되었습니다. 날마다 출근하지 않는 파트타임 일들로 채워져 있기 때문에 집안일을 돌볼 수 있습니다. 집안일을 먼저 한 후 출근을 하거나 제가 할 일들을 나중에 하면 됩니다. 그래서 저를 '파트타임 가정주부'̇ ̇라고 부르기로 했습니다.

그럼 파트타임 가정주부의 일상을 소개하겠습니다. 아내는 일어나 아침을 먹는 둥 마는 둥, 통근버스를 타기 위해 집을 나섭니다. 아내가 출근하고 나면 아이들을 깨워 학교를 보냅니다. 재작년까지도 고등학생이던 큰아들이 집과 거리가 먼 학교를 다녔기 때문에 아침이 바빴지만 대학생이 되어서 한숨을 덜었습니다. 고등학교 3학년인 둘째는 다행히 학교가 집과 가까워 여유 있게 등교를 합니다.

아내와 아이들이 출근과 등교를 하고 나면 본격적인 가정주부의 일을 시작합니다. 밥을 먹은 그릇을 치우고 주방 주변을 청소하고 정돈합니다. 음식물쓰레기와 기타 쓰레기를 분리해 버립니다. 다음은 각 방에 어지럽혀진 옷가지를 정돈하고 청소를 시작합니다. 날마다 물을 줘야 하는 화초를 돌보고, 주중에 한 번은 세탁기를 돌립니다. 다 마른 빨래는 개어서 옷장에 넣습니다. 이런 집안일들은 보통 9시 전후에 끝납니다.

커피타임은 저만의 시간을 시작하는 의식입니다. 커피타임 이후, 제가 파트타임으로 일하는 비즈니스 시간입니다. 감리 현장 일이나 강의를 위해 집 밖으로 나가는 날은 시내, 시외로 출장을 갑니다. 출장이 없는 날은 재택으로 감리 현장의 현안과 일지를 정리하고 남은 시간은 독서와 글쓰기를 합니다.

음식을 만드는 일은 아직 도전을 하지 않고 있는 영역이지만, 때로는 김치찌개나 부침개같이 제가 할 수 있는 음식을 만들어서 퇴근·하교하는 가족을 기다리기도 합니다. 저녁에 가족들이 깨끗하게 정돈된 집으로 돌아와서 보여줄 평안한 얼굴을 생각하면 기분이 좋아집니다.

저도 처음부터 집안일을 즐겁게 하지는 않았습니다. 집안일은 여자들의 일이고 남자들은 시간을 내서 도와주는 것이라고 생각했습니다. 아니, 집안일을 잘하지 못하니까 별 도움이 되지 않는다고 생각했습니다. 그러나 저의 생각은 바뀌었습니다. 집안일은 부부가 함께해야 하는 일이고, 시간과 여건이 되는 사람이 먼저 해야 하는 일입니다. 사실은 아직도 집안일은 아내가 주도적으로 합니다. 제가 하는 일은 대체로 짧은 시간에 할 수 있는 것들입니다. 그럼에도 아내는 제가 적극적으로 집안일을 함께하는 것을 고마워합니다.

통계청이 발표한 '2016 일·가정 양립지표' 결과를 보면 맞벌이 가구에서 남편의 가사노동 시간은 하루 40분으로 아내에 비해 거의 5분의 1 수준밖에 안 됩니다. 아직도 우리나라는 남자와 여자가 해야 하는 일을 구분하는 것 같습니다. 그러나 100세 시대를 맞이해 남자들도 적극적인 가사 동참이 필요합니다.

요즘은 남자 전업주부도 늘어나고 있습니다. 제가 파트타임 가정주부라 이름을 붙인 이유는 전업주부와 비교해 제가 하는 집안일이 많지 않기 때문입니다.

저는 파트타임 가정주부라 명명하고 선택한 것을 후회하지 않습니다. 저의 선택으로 가정의 화평과 행복을 얻을 수 있었기 때문입니다. '파트타임 가정주부'라는 이름이나 역할도 마음에 듭니다. 나중에는 저와 아내의 근무환경에 따라 변할 수 있겠지만 가정의 일은 부부가 함께해야 하는 일이고 시간과 여건이 되는 사람이 먼저 해야 하는 일입니다.

집안일은 누가 해야 한다고
생각하나요?

서로 다름을 인정하는 것이
행복의 시작

"당신은 다시 태어난다면 지금의 아내와(남편과) 결혼하겠습니까?"

예능 프로그램에 나온 부부들에게 자주 하는 질문입니다. 남편들은 대체로 지금의 아내와 다시 결혼하겠다고 하는데, 아내들은 대부분 지금의 남편들과 다시 결혼하지 않겠다고 합니다.

저에게도 같은 질문을 해보았습니다. 저 역시 답은 "지금 아내와 결혼하겠습니다"입니다. 그러나 이유는 다른 남편들과 조금 다를 수 있습니다. 결혼하고 20년 동안 서로 맞추느라 힘들었던 시간들이 먼저 떠오릅니다. 새로운 사람과 그 과정을 다시 반복해야 한다고 생각하니 엄두가 나질 않습니다.

다른 부부들도 마찬가지겠지만 우리 부부는 결혼하고 20년이 지난 지금까지도 서로의 다름을 맞춰가며 살고 있습니다. 서로 다른 가정에서 각기 30여 년을 살아왔기에 생각과 습관 그리고 문화가 다른 것은 당연합니다. "이게 아닌데, 왜 저 사람은 그렇게 생각하고 행동할까?" 이렇게 생각하기 시작하면 해결은커녕 오히려 갈등의 골은 깊어지고 미궁으로 빠질 수 있습니다. 이럴 때는 서로의 다름을 인정하고 이해해주어야 합니다. 남자와 여자이기에 다르고, 타고난 기질이 다르고, 성격이 다르기 때문입니다.

아내와 저는 여러 가지 면에서 다릅니다. 먼저 혈액형이 다릅니다. 저는 A형이고 아내는 B형입니다. 외향적으로 변하려고 노력하지만 저는 내향적인 성격이고 아내는 다소 외향적입니다. 저는 다른 사람이 저를 바라보는 시선을 의식하며 살아가는데 아내는 주위의 시선에서 자유롭습니다. 저는 기분이 상하는 일이 있더라도 속으로 삭이고 감추는 반면 아내는 감정을 속이지 않고 싫은 것에 대해 솔직하게 표현합니다.

두 번째로, 저는 계획에 맞춰진 생활을 하고자 합니다. 예를 들면 주말에도 "오늘은 무슨 특별한 일이 있어?" 하면서 시간을 어떻게 보내야 할지 계획을 세웁니다. 대충이라도 스케줄을 잡고 거기에 맞춰서 지내려고 합니다. 그러나 아내는 9시가 넘어도 일어나지 않습니다. '도대체 무슨 생각을 가지고 지금까지 자고 있을까?' 하면서 아내와 갈등이 있었습니다. 그러나 지금은 서로를 인정하게 되었습니다. 아내는 저녁에 늦게 자고 아침에 늦게 일어나는 유형입니다. 저는 저녁에 빨리 자고 아침에 일찍 일어나는 유형입니다. 단지 생활패턴이 다를 뿐입니다. 그렇게 생각하니 마음이 편해졌습니다. 늦게 일어난 아내는 미안한 표정으로 말합니다. "오늘은 무슨 일부터 해야 하지?" 하루를 조금 늦게 시작하지만 서로에게 존중받았다는 느낌으로 부부의 신뢰도는 향상이 됩니다.

세 번째로, 아내는 저와 달리 여행을 좋아합니다. 결혼하기 전까지 저는 여행을 좋아하지 않았고 해외여행을 한 번도 다녀오지 않았습니다. 심지어 여권도 신혼여행을 위해서 처음으로 만들었습니다. 하지만 이제는 아내가 좋아하는 여행을 함께 다니며 저도 여행에 재미를 갖게 되었고, 1년에 한 번은 온 가족이 함께 해외여행을 다니고 있습니다. 아내는 결혼하기 전에 혼자 유럽 배낭여행을 다녀왔을 정도로 자유 여행을 즐겼는데, 가족들과 함께하기 위해 안전하고 편한 패키지 여행을 주로 하고 있습니다. 나중에는 부부만의 자유 여행을 해보고 싶습니다.

서로 다른 문화와 습관을 가지고 살아왔기에 생각과 행동이 다를 뿐인데 나는 맞고 상대가 틀렸다고 생각하면 부부관계는 기차 선로와 같이 평행선을 그리며 만날 수가 없습니다. 제 주변에는 아직도 서로의 다름을 인정하지 못하고 서로를 이해할 수 없는 외계인으로 치부하며 살아가는 부부들이 있습니다.

서로의 다름을 인정하고 상대가 좋아하는 것을 기꺼이 함께하면서 우리 가정의 행복은 시작되었습니다. 다른 점이 많은 부부지만 공통점도 있습니다. 우리 부부는 함께하는 것을 좋아합니다. 그중에서도 함께하는 쇼핑을 특히 좋아합니다. 옷을 구입할 때는 함께 가서 골라주고 최종 선택할 때는 상대에게 의견을 제시해줍니다. 또 주말에는 마트에 가서 필요한 상품을 고르고 함께 박스를 포장합니다. 제 지인들 중에는 함께 쇼핑을 하지 않는 부부들이 의외로 많습니다. 더 나이가 들기 전에 함께하는 일을 늘려나가는 게 노후생활 준비에도 전략적으로 바른 방향이라 생각합니다. 어렸을 때부터 옷을 사러 어머니와 함께 다녔던 것이 도움이 되는 것 같아서 우리 부부는 아이들 옷을 살 때 아이들을 데리고 가서 고르도록 합니다.

다음으로 우리 부부가 함께하는 취미는 운동과 산책입니다. 지금은 하지 못하지만 몇 년 전에 아내와 함께 8개월 정도 수영강습을 받았고 상급 3반까지 진도를 나갔습니다. 자유형으로는 25m를 왕복하고 배영·평영·접영으로는 25m를 편도로 갈 수 있습니다. 함께 운동을 하면 부부의 친밀감도 높아지고 서로의 건강에 대한 관심도 높아지는 효과가 있습니다. 요즘은 저녁을 먹은 뒤 폐선 부지를 공원으로 조성해놓은 아파트 주변 산책길을 걷습니다. 한 바퀴를 돌면 15분이 걸리는 코스를 3~4바퀴씩 돌면서 하루의 일상을 이야기하고 각자가 앞으로 하고자 하는 일에 대해서도 대화를 나눕니다. 그곳에 있는 나무와 꽃들을 보면서 계절의 변화를 몸으로 느끼는 것은 덤이라 할 수 있습니다.

부부 갈등 문제로 상담실을 찾는 부부들은 대부분 이렇게 말한다고 합니다.

> "이 사람이 이렇게 하는 것이 이해가 안 됩니다. 이런 면이 문제인데, 고치려 하지 않아요!"

결혼은 나의 잣대를 가지고 만드는 완전한 작품이 아니라 서로 부족한 면을 서로의 다름으로 채워가는 불완전한 작품이라는 것을 모르기 때문입니다. 아마도 각기 다른 부부들이 만든 작품은 부부의 수만큼이나 많을 것이고 같은 작품은 하나도 없을 것입니다.

우리는 상대와 다름을 인정하지 못하면서 상대가 나의 관점으로 맞춰주기를 바랍니다. 자신이 결혼 전에 그려왔던 완벽한 배우자의 모습으로 바꾸어보려고 합니다. 평생 동안 그 시도를 멈추지 않습니다. 서로에 대한 불신으로 살아갑니다. 정말 불행한 일입니다. 그러나 사람의 성격과 습관을 바꾸는 것은 쉽지 않습니다. 하지만 신기하게도 상대를 변화시키려 하지 않고 그 모습 그대로 이해하고 받아들이면 작은 변화가 일어납니다.

상대의 생각과 행동이 나와 다른 것이지 문제가 있거나 틀린 게 아닙니다. 서로의 다름을 인정하는 것으로부터 행복은 시작됩니다.

당신과 배우자의 다른 점과
같은 점은 무엇인가요?

제 6 부

퇴직은
마침표가 아니고
쉼표이다

퇴직 후의 삶 이야기

인생과 일, 가정, 건강, 재정,
여가의 균형
그리고 하프타임

일과 삶의 균형이
중요한 이유

2018년 7월 1일부터 주 52시간 근무제가 도입되었습니다. 주당 68시간을 일하면서도 상사 눈치를 보며 퇴근하던 직장인들이 당당하게 정시에 퇴근하는 모습으로 바뀌고 있습니다. 지금까지는 빨리 퇴근해서 해야 할 일이 있더라도 상사의 눈치를 보며 퇴근하지 못하던 직장인들이 이제는 법적으로 당당하게 저녁이 있는 삶을 찾게 되었습니다.

한국인의 근로시간은 연평균 2,113시간^{2015년 기준}으로 OECD 35개 국가 중 멕시코 다음으로 깁니다. OECD 회원국 중 근로시간이 짧은 10개 나라는 1인당 GDP^{국내총생산}가 평균 5만 7,388달러에 달하는 반면 근로시간이 긴 10개 나라는 대부분 1만 달러 수준입니다. 그렇다면 왜 한국인은 그렇게 일에 매달리며 살았을까요?

6.25 전쟁을 거치며 세계 최빈국 중 하나였던 한국은 60~70년 만에 세계 10위권 경제대국으로 성장했습니다. 짧은 기간에 성장과 발전을 하기 위해서 산업화 세대는 밤낮을 가리지 않고 일했습니다. 가정을 돌보고

여가를 즐기는 것을 사치로 여기며 일만 하고 살았습니다. 그분들 덕택에 제법 부유한 나라가 되었습니다.

그렇게 일만 하느라 생기는 역효과는 전적으로 개인이 감내해야 했습니다. 건강을 잃기도 했고, 여유로운 삶과 가정의 행복을 돌보지 못했습니다. 가족은 은퇴 후에 돌보는 것이라고 생각하며 살았습니다. 그러나 현재를 살아야 하는 우리는 일만 하며 살아가는 삶의 방식을 바꾸고자 합니다. 오랜 시간 회사에서 일만 하는 것은 행복한 삶에 좋지 않다는 것을 알게 되었습니다.

일과 삶의 균형Work-Life Balance을 뜻하는 '워라밸'은 1970년대 후반 영국에서 개인의 업무와 개인생활 간의 균형을 나타내는 단어로 처음 등장했고, 우리나라에서도 최근 관심이 높아지고 있습니다. 연봉에 상관없이 높은 업무 강도에 시달리거나 퇴근 후 SNS를 통한 업무 지시, 잦은 야근 등으로 개인적인 삶이 없어진 현대 사회에서 직장이나 직업을 선택할 때 고려하는 중요한 요소 중 하나로 떠오르고 있습니다.

그러면 일과 삶의 균형이 중요한 이유는 무엇일까요? 첫째는 가족과 함께하는 시간이 필요하기 때문입니다. 사회적으로 성공을 했다 하더라도 가족 관계에서 실패한다면 진정한 성공이 아닌 반쪽짜리 성공입니다. 아이들이 성장하며 아빠와 엄마를 간절히 원할 때, 그 시간을 아이와 보낼 수 있다면 얼마나 좋을까요?

최근 TV 광고에서 바쁜 회사일 때문에 늦게 퇴근했다 아침 일찍 출근하는 아빠를 보고 "아빠 또 놀러오세요"라고 하던 아이의 말이 기억납니다. OECD 국가들 가운데 근로시간이 짧은 나라일수록 행복지수가 높게 나타납니다. 물론 그 나라에서 시행하는 추가적인 복지 제도 덕도 있겠지만, 이제 시작인 우리나라도 워라밸의 희망을 볼 수 있게 되었습니다.

두 번째는 사회의 패러다임이 바뀌었기 때문입니다. 이전에는 공장의 기계가 돌아가면 이익이 남는 구조였기에 근무 시간을 초과하면서 제품을 생산했습니다. 그러나 지금 기업들에게 필요한 것은 창의적인 아이디어입니다. 자리를 지키고 앉아서 오랜 시간 일한다고 경쟁 기업을 이길 수 있는 역발상적인 생각이 나오지는 않습니다. 충분한 휴식과 여가 그리고 안정된 가정생활로 마음과 몸을 재충전하는 과정에서 혁신적인 아이디어가 나올 수 있습니다. 공부를 너무 오래 하면 오히려 집중력이 떨어지는 것과 마찬가지로 지나치게 일만 하면 생산성이 떨어집니다. 다가올 4차 산업혁명 시대엔 더욱 그럴 것입니다.

세 번째는 회사와 직원은 윈-윈 관계이기 때문입니다. 회사는 직원들에게 능력개발 기회를 주고 직원들은 자기계발을 통해 기업의 경쟁력에 기여할 수 있어야 합니다. 그렇다고 해서 회사일을 적당히 하면서 여가를 즐기는 것으로 생각하면 안 됩니다. 회사도 직원들에게 일과 개인 생활 중 하나만 선택하도록 몰아가는 것은 바람직하지 않습니다. 조직과 개인은 서로 조직을 위해 개인을 희생하거나 개인을 위해 조직이 희생해야 하는 제로섬 게임은 피해야 합니다. 직원들이 성장 발달할 수 있도록 회사에서 지원하면 결국 기업은 능력 있는 직원들을 통해서 경영 성과를 이루고 더 많은 이윤을 남길 수 있습니다.

네 번째는 적절한 소비를 해야 하기 때문입니다. 아무리 좋은 제품을 만들어도 살 사람이 없다면 국가경제는 지속가능성이 떨어집니다. 가정

196

을 돌보면서 여가와 취미 그리고 학습에 관심을 기울이면 경제가 살아날 수 있습니다. 최근 정부가 휴일을 늘리고, 기업이 적극적으로 휴가 사용을 장려하는 것도 소비를 늘리는 일과 무관하지 않을 것입니다.

일과 삶의 여러 영역들은 새의 날개와 같이 균형을 이루며 날아가야 합니다. 최근에는 관심 분야를 중심으로 여가활동과 학습을 병행하고 거기서 얻은 경험과 지식을 자기의 일에 적용하는 일·학습·여가의 일체화가 트렌드가 되고 있습니다.

원래 인간에게는 '일노동과 교육공부, 학습, 여가놀이' 이 세 가지가 한 덩어리로 있었다고 합니다. 근대화 이전에는 가업을 물려받는 경우가 많았기에 부모나 동료들에게 배우고 쉬어가며 즐겁게 일했습니다. 하지만 근대화 이후 사회제도가 생겨나면서 어른은 회사에서 일하고, 학생들은 학교에서 공부만 하는 역할로 분리가 되었다고 합니다.

원래는 함께 있으면서 조화와 균형을 이루어야 하는데 따로 있으면서 그중 하나만 해야 하니 힘이 드는 것이지요. 직장인들은 학습과 놀이는 잊어버린 채 오로지 일에만 매달려 하루를 살아가기 때문에 직장일이 힘듭니다. 학생들은 운동과 놀이를 함께하면서 공부를 해야 하는데 공부만 하니까 학창시절은 늘 힘들게 공부한 기억만 남아 있습니다.

서로 딱 붙어 있어야 할 세 가지가 따로 떨어져 있음으로써 비극이 시작되었습니다. 일과 공부와 여가는 함께해야 합니다.

> "일하면서 배우고, 일하면서 놀고, 배우면서 일하고, 배우면서 놀고, 놀면서 일하고, 놀면서 배우자."

이 모든 것을 삶의 시기와 환경에 따라 적절히 섞어서 사용해야 합니다. 어느 하나만 하면 힘들다는 것을 알았기에 원래 한몸이었던 세 가지를 다시 하나로 묶어서 균형을 이루게 해야 합니다.

일, 가정, 여가, 학습 등도 각각 분리되어 존재하는 게 아니라 서로 융합되어야 하고 균형을 이루어야 합니다. 일과 삶의 균형은 직장생활을 하는 동안에만 추구해야 하는 것은 아닙니다. 퇴직을 한 후에도 일과 삶의 균형이라는 목표를 가지고 살아야 합니다. 개인과 사회에 공헌을 하기 위해 일생 동안 여러 번의 직업을 선택해야 하는 시대입니다. 학창시절에 배운 것을 다 소진하고 퇴직 후에는 여가생활만 하는 단거리 경주 인생이 아니라 퇴직 후에도 새로운 지식과 기술을 학습해서 장거리 경주 인생을 살아야 합니다. 앞으로 맞이할 시대는 평생 학습, 평생 현역의 시대입니다.

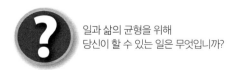
일과 삶의 균형을 위해
당신이 할 수 있는 일은 무엇입니까?

대사증후군을
아십니까?

『건강 습관! 올리GO, 대사증후군! 잡GO』. 국민건강보험공단에서 만든 책자의 제목입니다. 마흔을 넘으면 대사증후군 치수를 잘 관리해야 합니다. 대사증후군이란 대표적인 생활습관병으로 복부 비만, 고혈압, 고혈당, 높은 중성지방, 낮은 혈중 HDL콜레스테롤의 다섯 가지 증상 중에 세 가지 이상을 가지고 있는 상태를 말합니다. 초기에는 별 증상이 없어서 방치하기 쉽지만 당뇨병이나 심혈관계 질환, 뇌졸중, 고혈압, 암 등으로 발전할 가능성이 높다고 합니다.

저는 돌아가신 아버지가 혈압과 콜레스테롤 수치가 높아서 약을 드셨고, 어머니는 당뇨병으로 약을 드시고 있습니다. 부모님의 유전인자를 받은 저 역시 대사증후군에 포함될 확률이 매우 높습니다.

40대로 접어든 2007년 2월에 병원에서 피검사를 했습니다. 아래 검사표에는 몸무게와 혈압이 빠져있지만 좋은 콜레스테롤인 HDL만 기준치 안에 있고 나머지는 모두 기준치를 넘은 수치였습니다. 당시 몸무게는 키

171cm에 72~73kg였습니다. 의사선생님은 아직 약을 먹기는 이르니 6개월 정도 운동을 해보기를 권유했습니다. 정신이 번쩍 들었습니다. 40대부터 약을 먹기는 싫었습니다. 그날 이후 수영을 시작했고, 헬스장의 러닝머신에서 땀을 흘렸습니다. 10개월이 지난 후 검사 결과는 혈당만 기준치 초과였고 나머지는 기준치 안으로 들어왔습니다. 몸무게는 66kg였습니다.

항 목	T-CHO	TG	HDL	LDL	혈당
기준치	200 미만	150 미만	40 이상	130 미만	100 미만
2007년02월	219	404	44	141	142
2007년12월	189	145	44	130	110

지금도 몸무게$^{171cm/65kg}$를 표준체중으로 유지하고 있지만 나이가 있어서 그런지 혈당과 중성지방은 한계 수치에 근접해 있습니다.

대사증후군은 나이가 들면 생기는 성인병과도 직결됩니다. 그런데 우리나라 성인들은 대사증후군 수치에 관심이 적은 것 같습니다. 100세 인생을 살아가기 위해서는 대사증후군의 세부적인 수치와 친해져야 합니다.

그럼 다섯 가지 대사증후군 항목들을 알아보도록 하겠습니다.

첫 번째 항목은 '허리둘레 줄이GO'입니다. 허리둘레를 줄이면 다른 요인들의 관리에 도움을 줄 수 있습니다. 허리둘레 기준치는 남자는 90cm^{35인치} 미만, 여자는 85cm^{33인치}이고 체질량지수^{BMI} 기준치는 25 미만입니다.

두 번째 항목은 '혈압 내리GO'입니다. 혈압은 많은 분들이 관심을 가지고 있고 인지를 하고 있습니다. 혈압 기준치는 수축기 130mmHg 미만, 이완기 85mmHg 미만입니다. 하지만 130이 넘는다고 고혈압은 아닙니다. 140~159/90~99mmHg 사이가 고혈압 1단계이며, 정상 혈압과 고혈압 사이에 있는 고혈압 전단계라고 합니다. 수치가 이 단계에 들어온 분들은 한 달에 한 번은 체크를 하기 바랍니다. 혈압계를 구입하셔도 좋고, 일반 병원에 가면 무료로 혈압을 잴 수 있습니다.

세 번째 항목은 '혈당 내리GO'입니다. 혈당의 기준치는 공복최소 8시간 금식 후 측정 시 100mg/dL 미만입니다. 당뇨병으로 진단하는 치수는 126mg/dL 이상이고 그 이전이면 당뇨병 전단계로 진단을 합니다. 당뇨병은 인슐린의 분비량이 부족하거나 정상적인 기능이 이루어지지 않는 등의 대사 질환의 일종으로 여러 가지 합병증을 일으키는 무서운 질병이기 때문에 꼭 관리를 해야 합니다.

네 번째 항목은 '중성지방 내리GO'입니다. 일반적으로 콜레스테롤 수치에 대해서는 잘 알지 못합니다. 콜레스테롤이란 지방 성분의 일종으로 성인병을 일으키는 동맥경화 원인 중의 하나입니다. 대부분 몸에 나쁜 것으로 알고 있지만, 우리 몸이 유지되기 위해서 꼭 필요한 성분이기도 합니다.

콜레스테롤은 세 가지 항목으로 나누어져 있습니다. 저밀도 콜레스테롤LDL, 고밀도 콜레스테롤HDL 그리고 중성지방TG이 그것입니다. 이 가운데 특히 LDL 콜레스테롤130mg/dL미만 관리은 동맥경화와 밀접한 관련이 있어 '나쁜 콜레스테롤'로 알려져 있습니다. 이에 비해 HDL 콜레스테롤은 수치가 높을수록 몸에 좋기 때문에 좋은 콜레스테롤이라 부릅니다. 중성지방은 체내에서 합성되는 지방의 한 형태로 특히 혈액 내의 중성지방 수치가 높아지면 심혈관계 건강이 위협을 받을 수 있다고 합니다. 중성지방의 정상 기준치는 150mg/dL 미만이고, 200mg/dL 이상인 경우를 '높음'으로 진단합니다.

다섯 번째 항목은 '좋은 콜레스테롤 올리GO'입니다. HDL 콜레스테롤은 혈관에 쌓인 지방 덩어리를 간으로 끌고 가 분해시키는 혈관의 청소부 역할을 하며 수치가 높을수록 좋습니다. 남성은 40mg/dL이상, 여성은 50mg/dL 이상을 기준치로 봅니다. 콜레스테롤 수치를 이해하기 어려운 이유는 낮아야 좋은 것도 있고 높아야 좋은 것도 있기 때문입니다. 총 콜레스테롤$^{T-CHO}$ 수치도 있는데, 정확하게 계산적으로 맞지는 않지만 세 가지의 콜레스테롤을 합한 수치_{총 콜레스테롤=HDL+LDL+(중성지방/5)}를 말합니다. 총 콜레스테롤 기준치는 200mg/dL 미만입니다.

지금까지 대사증후군의 종류와 정상 기준치를 알아보았습니다. 그러나 단순히 기준치를 아는 것보다는 그 기준치를 지키기 위해 내 몸에 맞게 관리하고 조절하는 것이 중요합니다. 그럼 꼭 실천해야 하는 생활습관에는 무엇이 있을까요?

국민건강보험공단에서 만든 대사증후군 소책자의 내용을 소개합니다.

첫 번째는 '좋은 생활습관 갖기'입니다. 여기에는 과식 않기, 금연, 절주, 스트레스 극복하기가 포함됩니다. 두 번째는 '균형 잡힌 영양 섭취하기'입니다. 세부사항은 규칙적으로 천천히 먹기, 싱겁게 골고루 먹기 등입니다. 세 번째는 '꾸준히 운동하기'입니다. 매일 30분 이상 적어도 이틀에 한 번은 50분 이상 운동하기와 유산소운동과 근력운동 골고루 하기입니다. 네 번째는 '정기적으로 건강검진 받기'입니다. 직장인들은 건강검진을 정기적으로 하지만 퇴직을 하신 분들은 기간을 놓치는 경우가 있습니다. 최소한 2년에 한 번은 꼭 건강검진을 받으시고 혈압과 혈당이 기준치를 넘는 분들은 수시로 자가 측정을 하시기 바랍니다.

친구 K가 오십으로 막 접어든 해에 뇌졸중으로 쓰러졌습니다. 다행히 골든 타임3시간 안에 병원을 갔고 재활 운동을 잘 해서 지금은 일상생활을 하고 있지만 후유증에 시달리고 있습니다.

그 친구는 뜻하는 목표가 있어서 시험공부를 하고 있었습니다. 발병 당시 허리가 36인치 이상이었고, 혈압이 높아 병원에서 약을 처방받았지만 공부를 하느라 기억력을 높이기 위해서 약을 먹지 않았다고 합니다. 대사증후군 항목 중 두 개가 기준치를 넘었는데, 가장 치명적으로 발병에 영향을 준 것은 오랫동안 피운 담배입니다. 병원 주치의도 발병 원인 중 담배가 가장 큰 영향을 주었다고 진단했다고 합니다.

마흔을 넘으면 자기 몸을 되돌아보는 시간을 가져야 합니다. 자기 몸과 대화하고 사랑해주어야 합니다. 자기만의 관리방법을 터득해야 합니다. 몸을 지켜주는 중요한 항목들에 대해 공부하고, 관련 항목들의 수치도 인식해야 합니다. 특히 다섯 개 항목 중 한두 개만 기준치가 넘어도 주의군이고, 세 개 이상이면 대사증후군에 해당됩니다. 정상 기준치의 세 개가 넘지 않도록 몸을 관리하고 지켜야겠습니다.

일주일에 3~4일은 아파트 주변에 있는 산책길을 걷습니다. 세 바퀴를 돌면 45분 정도가 걸리는 코스입니다. 마흔이 지나면 몸에 근육이 빠지기 시작한다고 합니다. 올해는 아파트 헬스장에 등록해 근력운동을 시작하려 합니다. 오래 살고 싶다고 오래 사는 것은 아니지만 이제는 몸을 혹사하고 방치하지 말고 100세 시대에 맞춰서 몸을 사랑하고 관리해야 합니다. 그러기 위해서는 자기 몸의 사용법도 달라져야 합니다.

어떤 방법으로 당신의 몸을
사랑하나요?

나는 **퇴직**을
미루지
않기로 했다

월급통장
하나로 합치기

　인생에서 돈이 차지하는 비중은 얼마나 될까요? 돈이 중요하지 않다는 사람은 없을 것입니다. 어느 정도의 돈은 있어야 행복한 삶을 영위할 수 있습니다. 힘들지만 직장을 다니는 이유는 매달 나오는 월급 때문입니다. 더 많은 월급을 받기 위해서 업무 성과를 달성하도록 노력합니다. 승진과 진급을 위해 매달리기도 하고 더 높은 연봉을 받기 위해 이직을 하기도 합니다.

　그런데, 돈을 얻기 위한 노력에 비해서 돈을 관리하고 사용하는 것에는 신경을 덜 씁니다. '개같이 벌어서 정승같이 쓴다'는 속담이 있습니다. 힘든 일을 하며 돈을 벌어도, 쓸 때는 의미 있게 잘 써야 한다는 뜻입니다. 우리 부부는 돈을 버는 것과 관리하고 사용하는 것을 포함해 재정에 관한 몇 가지 원칙을 가지고 있습니다.

　첫째는 '짧은 기간보다는 길게 돈을 버는 것'이 중요합니다. 길게 벌 수 있는 일을 여러 개 만드는 것입니다. 비유하자면 오랫동안 물이 나올 수 있는 우물을 여러 개 파는 것 혹은 긴 시간을 내다보며 사과나무를 심는 것과 같습니다. 즉 인생 후반전에도 버팀목이 될 수 있는 필살기를 여러 개 만드는 것입니다.

두 번째는 '통장 합치기'입니다. 급여통장을 따로 관리하는 맞벌이 부부들이 있습니다. 그들은 각자 통장을 관리하면서 서로 다른 용도로 사용합니다. 예를 들어 한 사람의 통장은 생활비나 자녀 교육비로 사용하고 다른 사람의 통장은 공과금이나 저축에 쓰는 것입니다. 하지만 우리 부부는 결혼 초부터 재정을 통합하기로 했고, 한 사람이 관리하고 있습니다.

재정을 통합하면 가정 전체의 수입과 지출을 한눈에 알아볼 수 있습니다. 차나 집을 살 때와 같이 큰 지출이 발생하더라도 부부가 함께 대처가 가능하고 불필요한 지출을 막아줍니다. 부부 중에 월급을 관리하는 사람은 수입과 지출을 투명하게 공개합니다. 부부가 함께 재정에 관해 의논하고 계획할 수 있어서 부부간에 신뢰도가 올라갑니다.

세 번째는 '무리해서 빚을 지면서 살지 말자'입니다. 우리 부부는 전세를 들 때와 집을 살 때는 은행 대출을 받았지만 결혼 15년 차에 빚을 청산했습니다. 올해 여든여덟이신 어머니는 저희들에게 늘 말씀하셨습니다.

"난 어렵게 살아도 지갑에 돈이 완전히 떨어지도록 살지 않았기에 남에게 빚을 지고 살지 않았단다".

그 영향으로 저도 어렸을 때부터 받은 용돈을 절약하며 사용했고, 다음 달 용돈을 받기 전까지 떨어뜨리지 않고 남기는 습관이 생겼습니다. 지금도 그 습관은 유지되고 있습니다.

네 번째는 '절약과 저축'입니다. 할 수 있다면 많이 버는 것이 좋겠지만 그렇게 하기 위해서는 지불해야 하는 대가도 큽니다. 삶의 균형을 위해 인생의 다른 영역에 써야 하는 시간과 자신의 건강을 희생해야 할 수도 있습니다. 선진국이라 불리는 유럽 여러 나라의 국민들이 검소하고 겸손한 이유는 실패와 쇠퇴를 뼛속 깊이 경험했기 때문이라고 합니다. 정해진 월급을 절약하고 저축하는 것이 중요합니다. 절약이 습관으로 정착될 수 있도록 하고, 부부가 합친 통장으로 가정 재정의 규모에 맞도록 부부가 합의한 수준에서 저축을 해야 합니다.

다섯 번째는 '노후를 위한 준비'입니다. 노후를 위한 준비의 핵심은 은퇴 후에도 일정한 금액이 종신까지 들어오는 현금 흐름 시스템을 구축하는 것입니다. 우리 부부는 흔히 말하는 '5층 연금'을 준비해오고 있습니다.

노후의 생활비를 전부 감당할 수는 없겠지만 일단 1층을 담당하는 건 국민연금입니다. 연금 상품 가운데 입금액에 비해 지급액이 가장 높은 연금이고, 물가 변동분을 감안해서 지급하기 때문에 가입자에게 유리한 연금입니다. 2층은 퇴직연금입니다. 퇴직금을 받아서 개인형퇴직연금^{IRP} 계좌에 넣어두고 바로 인출을 하지 않으면 퇴직 소득세의 과세가 이연移延: 시일을 차례로 미루어 나감됩니다. 또한 나중에 연금으로 수령하는 경우 이연된 퇴직소득세를 30% 감면해줍니다. 그래서 저는 IRP 계좌의 퇴직금을 찾지 않고 있으며 나중에 연금으로 수령할 예정입니다.

다음으로 3층은 개인연금입니다. 개인연금은 연금보험과 연금저축으로 나뉩니다. 연금보험은 연말정산 시 세금 감면이 안 되지만 연금 수령 시 세금5년 이상 보험료 납부, 10년 이상 유지을 내지 않는 게 장점입니다. 연금저 축은 세금이 감면연간 400만 원 저축 시 세금 52만 8,000원~66만 원 세액공제되지만 연 금 수령 시 세금3.3%~5.5%을 내게 됩니다. 4층은 주택연금입니다. 만 60세 이 상 고령자가 주택을 담보9억 원 이하로 맡기고 평생 혹은 일정 기간 연금 방 식으로 지급받는 제도입니다. 계약 만료 후 남은 가치는 자녀에게 상속할 수 있는 좋은 제도입니다. 마지막 5층은 일자리 연금이나 월 지급식의 금 융상품을 가지는 것입니다.

우리 부부의 마지막 원칙은 장기투자와 분산투자를 하는 것입니다. 우리는 결혼 5년 차에 집중적으로 보험과 연금에 가입했습니다. 대부분 보험의 납입 기간은 15~20년으로 가입했습니다. 가족의 자산은 저축, 보 험, 연금, 주식 펀드, 채권 펀드, ELS 등으로 분산 투자했습니다.

'소득 크레바스'를 아십니까? 빙하가 갈라져서 생긴 좁고 깊은 틈을 크 레바스crevasse라고 하는데, 은퇴 후 국민연금을 받기 시작하는 기간까지 를 뜻하는 용어입니다.

올해 50세1969년생인 A씨는 65세부터 국민연금을 받습니다. 앞으로 10년 후인 60세에 정년퇴직을 한다면, 5년간의 크레바스가 생기고 혹시 라도 그 전에 퇴직을 해서 수입이 없다면 더 긴 크레바스를 경험할 수 있 습니다. 지금의 직장이 영원할 거라고 생각하십니까? 안전한 직장을 다 니는 분들일수록 퇴직 불감증에 물들어 있을 수 있습니다. 3050 세대들 은 앞으로 퇴직 후에 겪어야 할 일입니다. 나는 그렇지 않을 거라고 방심 하거나 회피하지 말아야 합니다. 정년퇴직을 하더라도 60세입니다. 1차 퇴직 후를 대비해야 합니다.

우리는 모두 나이가 들어서도 힘들지 않고 평안한 노후를 보내고 싶은 꿈을 가지고 있습니다. 그렇게 되기 위해서는 인생 전반전에 더 많은 수입을 얻어야 합니다. 또한 한정된 수입을 늘리기 위해서는 "어떻게 하면 오래 일하면서 오래 벌 수 있을까?"를 고민해야 합니다.

노후에는 최소한 다섯 군데 이상의 통장에서 돈이 나오도록 해야 합니다. 전반전에 깊게 여러 곳에 파놓은 우물과 여러 군데 심어놓은 사과나무가 있다면 가능할 것입니다. 또한 수입이 헛되이 새나가지 않도록 절약하고 지출을 분별 있게 하기 위해서는 통장을 하나로 합치고 부부가 함께 정기적으로 수입과 지출 내역을 공개하고 관리하는 것도 좋은 방법이 될 것입니다.

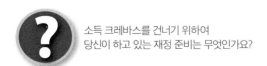

소득 크레바스를 건너기 위하여
당신이 하고 있는 재정 준비는 무엇인가요?

바쁜 삶이 행복을
가져다 줄까요?

직장인들은 대부분의 에너지를 자기의 일과 일터에 쏟아붓습니다. '나의 일'이 있기에 월급을 받고 그 월급으로 가족의 생계를 영위한다고 생각합니다. 일은 성스러운 것이고 삶의 가장 높은 우선순위에 있습니다. 그래서 삶을 힘들고 지치게 하더라도 참아야 하고, 그렇게 살아가는 것이 성공한 직장인이라고 생각합니다.

취업포털 잡코리아는 지난 2016년에 "79.4%의 직장인이 '번아웃 증후군'Burn-out Syndrome을 경험했다"고 발표했습니다. '번아웃 증후군'은 신체적, 정신적 피로와 함께 무기력해지며 불면증, 소화불량, 우울증 등의 증상을 동반합니다. 높은 연봉과 승진을 위해 상사 눈치를 보면서 마지막 남은 에너지까지 완전히 방전한다는 뜻입니다.

"요즘 많이 바쁘시죠?"는 상대를 존중하고 배려하는 인사가 되었습니다. 일상이 바쁘고 일이 많은 사람이 중요한 사람으로 인정받는다는 의미가 담겨 있습니다. 언제부터인가 우리는 "바빠서 ○○할 시간이 없다"는 말을 입에 달고 다닙니다. 이렇게 바쁜 시간을 보내는 사람들은 일에서 벗어나 쉼과 여유를 갈망하지만, 막상 기회가 주어지면 머뭇거립니다. 일하는 것은 칭찬받고, 여가를 즐기면서 쉬는 것은 비판받던 경제성장기의 문화가 지금도 남아 있기 때문입니다. 그래서 일이 아닌 것을 하는 건 낯설고, 해야 하는 일을 소홀히 하고 있다는 죄책감을 가지게 됩니다.

많이 바쁜가요? 정말 많은 일이 나의 삶을 지배하고 있다면 일의 다이어트를 해야 합니다. 일을 줄이는 생활을 하면서 자신과 가정을 돌아볼 수 있는 여유를 가져야 합니다. 일은 많지 않지만 남들에게 인정받기 위해 일부러 바쁜 듯 살아가고 있다면 삶의 방식을 바꾸기 바랍니다. 바쁜 삶이 인생의 행복을 가져다주지는 않습니다. 삶의 질은 즐겁게 일과 여가생활을 함께할 때 높아집니다.

여가에는 수동적인 여가와 능동적인 여가가 있습니다. 수동적인 여가활동은 별다른 노력 없이 쉬면서 시간을 보내는 것입니다. 여기에는 산책, 등산, TV 시청, 문화 관람 등이 포함되며 짧은 시간의 즐거움과 만족감을 줄 수 있습니다. 다만 수동적인 여가는 생활습관이 무너질 수 있는 위험도 포함되어 있습니다. 반면에 능동적인 여가는 시간과 노력을 투자해서 배우고 참여하는 활동입니다. 적극적인 여가를 즐기기 위해 자격증을 취득하거나 교육과 봉사를 통해 전문가 수준으로 경력을 쌓아가면서 다른 사람들과 교감할 수도 있습니다. 덤으로 사회생활과 경제활동을 하는 길이 열릴 수도 있고, 신체적·정신적 건강과 함께 지속적인 만족감을 높일 수 있습니다.

저도 회사를 다닐 때 느꼈던 것이지만, 회사일만 생각할 때는 따로 여가 시간을 낼 수가 없었습니다. 그런데 여기서 짚고 넘어가야 할 문제가 있습니다. 정말 직장인에게는 여가를 보낼 시간이 없는 것일까요? 솔직히 말하면 시간은 있지만 내 마음대로 사용할 수 있는 시간이 없다는 게 정확한 표현일 것입니다. 하루 중에 긴 시간이 아니더라도 내가 하고 싶은 일을 할 수 있는 자투리 시간을 찾아내야 합니다. 그 시간에는 회사 일을 잊고 잠시라도 나만의 자유 시간으로 전환할 수 있어야 합니다. 그렇다면 일과 여가의 균형을 이루기 위해서 실천할 수 있는 방법은 무엇이 있을까요?

첫 번째로 나를 어루만져주고 나를 위로해줄 수 있는 공간과 시간을 확보하는 것입니다. 여러분은 방전된 마음의 에너지를 충전할 수 있는 공간을 가지고 있는가요? 저에게 그런 공간은 집이고 가족입니다. 집에 돌아오면 저는 편안함을 느끼고 가족들과 대화를 하고 나면 새로운 힘을 얻습니다. 집에 가더라도 나만의 공간이 없다고 하소연하는 분도 있습니다. 공동으로 사용하는 공간이지만, 이용하는 시간을 달리하면 나만의 공간으로 사용할 수 있습니다. 물론 직장과 집 사이에 취미생활을 할 수 있는 다른 공간이 있을 수도 있습니다

다음은 최소한 하루 15분만이라도 나만의 시간을 가져야 합니다. 바쁠수록 삶을 점검하며 되돌아볼 수 있는 혼자만의 시간이 필요하기 때문입니다. 아침이나 저녁에 오늘 하루 해야 할 일을 계획하고 하루를 마무리하는 시간입니다. 종교를 가진 분이라면 기도를 할 수도 있고 명상을 할 수도 있습니다. 결국 균형 잡힌 삶을 살아가는 것은 '15분으로 시작한 시간을 더 늘려나가는 싸움'입니다. 시간의 주인으로 살아가는 사람은

자신이 주도하는 시간으로 하루를 채워 갈 수 있습니다.

두 번째는 '능동적인 여가를 위한 투자'입니다. 회사 업무 관련 학습도 좋고 미래를 준비하는 필살기도 좋습니다. 학창시절에 사회인이 되기 위해 열심히 공부했는데 다시 공부를 하라고 하니 황당하기도 할 것입니다. 그러나 앞으로의 시대는 여러 번의 인생을 살아야 하기에 두 번째, 세 번째 인생을 위한 계획과 준비를 해야 합니다. 5년 후를 내다보고 퇴직하기 5년 전부터 계획하는 것을 실천에 옮겨야 합니다. 이제는 평생 교육의 시대입니다. 평생 현역의 시대를 맞이해 평생 공부를 위한 로드맵을 만들어야 합니다.

능동적인 여가에는 공부만이 아닌 '취미 만들기'도 포함이 됩니다. 자신만의 취미^{놀이}가 있으신가요? 최근에 읽은 책의 내용에 중년의 삶을 맞기 위해서 나만의 맞춤형 놀이를 세 개쯤은 준비해야 한다고 했습니다. 누구에게나 어려서부터 소질은 있었지만 기회가 되지 않아 미루어두었던 취미 분야가 있을 것입니다. 미술, 음악, 스포츠, 문화, 여행 등 어떤 분야든 처음 배우기 시작해 전문가 수준의 취미로 발전시킬 수 있습니다. 제가 아는 지인은 취미로 시작한 색소폰 연주로 봉사활동과 함께 음악치료사 자격증을 따서 두 번째 인생을 활기차게 보내고 있습니다.

세 번째는 '부부가 함께하는 시간 만들기'입니다. 거창할 필요는 없습니다. 부부가 함께 산책이나 커피숍·맛집 탐방, 쇼핑도 괜찮습니다. 자신이 하고 싶은 것을 강요하지 않고 부부가 처한 환경에 맞는 것으로 유연하게 바꿔 가는 것도 필요합니다. 우리 가족은 1년에 한 번씩 함께 해외여행을 다녔는데, 아이들이 고교 수험생이 되면서 부부만의 여행을 다녀왔습니다. 다른 점이 많은 부부지만 상대의 취미를 존중하고 함께하는 시간의 양을 늘리다 보니 지금은 닮은 점이 많은 부부가 되어가고 있습니다.

저의 수동적인 여가는 TV로 야구를 시청하는 것입니다. 능동적으로 하는 여가는 책읽기와 글쓰기입니다. 아직은 서툴고 어렵지만 저만의 맞춤형 놀이로 충분할 것 같습니다. 책읽기와 글쓰기 분야를 확장해가며 두 번째 인생을 준비하거나 이미 두 번째 인생을 살아가고 있는 4060 세대에게 도움이 되는 일을 하고 싶습니다.

대부분의 사람들은 일하는 시간에서 벗어나 자유로운 시간을 갖기를 원합니다. 그러나 익숙하지 않기 때문에 여가를 보내기가 일하는 것보다 어렵다고 말합니다. 또한 여가활동은 책임과 의무가 없기에 집중하지 않아도 된다고 생각합니다. 여가를 잘 보내면 일을 할 때 시너지 효과가 있지만 그렇지 못하면 일의 집중력이 떨어질 수도 있습니다. 자신에게 맞는 방식을 찾아야 하고 자신에게 맞는 수준에서 적절하게 사용할 때 여가를 보낸 효과를 얻을 수 있습니다. 여가는 삶을 풍요롭게 만드는 도구입니다. 양적으로 늘리고 질적으로 성숙시킨 여가활동은 창의적으로 일을 하게 도와주며 일과 생활의 균형을 이루게 합니다.

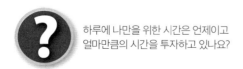

하루에 나만을 위한 시간은 언제이고
얼마만큼의 시간을 투자하고 있나요?

나는 **퇴직**을 미루지 **않**기로 했다

인생 전반전과
후반전 사이

삐리릭~~ 전반전 경기가 끝남을 알리는 휘슬이 울립니다. 운동장에서 뛰던 선수들은 로커룸^{선수의 개인 소지품 보관소 및 탈의실}으로 들어와서 땀을 닦습니다. 거친 숨을 고르는 선수, 상처를 치료하는 선수, 전반전 경기는 뛰지 않았지만 후반전을 뛰기 위해 몸을 푸는 선수 그리고 후반전 작전을 지시하면서 전반전에 잘한 점과 못한 점을 분석하는 감독과 코치들도 보입니다.

우리의 인생을 시간이나 나이로 구분할 수는 없지만, 전반전과 후반전이 있고 그 사이에 하프타임이라는 작전 타임이 필요합니다. 저는 대학을 졸업하고 입사한 첫 번째 직장에서 퇴직을 했습니다. 스포츠 경기에 비교한다면 1차 퇴직을 한 시점까지를 전반전이라고 할 수 있으며 퇴직 후 지금까지의 시간을 하프타임이라고 부를 수 있습니다.

대부분의 직장인들은 성공이라는 산의 정상에 오르기 위해 인생의 전반전을 보냅니다. 저도 회사 생활을 돌이켜보면 회사가 제시하는 길을 가기 위해 옆과 뒤를 돌아볼 여력도 없이 회사일에 집중하며 살았습니다. 여러 조직에 발령을 받고 여러 업무를 담당하며 여러 역할로 근무했습니다. 그래서 언제 경기가 시작되었는지, 나의 포지션이 어디인지, 어떤 목표가 있는지도 잘 모른 채 정신없이 뛰었기 때문에 전반전이 끝나는 시간이 되었음에도 정상이 어디인지도 모른 채 다시 산을 내려와야 했습니다.

그렇다면 전반전이 끝났음을 어떻게 알 수 있을까요? 성공이라는 산의 정상을 향하던 발걸음을 멈추고 주변을 돌아보면서 개인적으로 전반전이 끝났음을 선언하면 됩니다. 저는 1차 퇴직을 한 시점에 전반전 종료를 선언하고 하프타임의 시간을 가졌습니다. 앞으로 진행되는 두 번째, 세 번째, 네 번째 인생이 더 있을 수 있습니다. 축구 경기처럼 한 번만 주어지는 하프타임이 아니라 프로농구 경기처럼 여러 번의 쉬는 시간과 작전 타임을 부를 수도 있습니다. 프로농구는 총 4쿼터 경기로, 1, 2쿼터와 3, 4쿼터 사이에는 2분의 쉬는 시간이 주어지고 2, 3쿼터 사이에는 15분의 하프타임이 주어집니다.

그럼 전반전과 후반전 사이에 있는 하프타임은 어떻게 보내야 할까요? 『하프타임』의 저자 밥 버포드는 "전반전은 '성공'을 향해 달려갔다면 후반전은 '의미'를 위해 살아야 하고, 하프타임은 인생의 전환점에서 자기를 되돌아보는 과정"이라고 했습니다. 저에게 하프타임은 전반전이 끝난 뒤 그동안의 수고를 위로받고 쉬는 시간은 아니었습니다. 직장을 그만두고 새로운 일을 찾아야 했기에 더 절박하게 보내야만 했습니다. 그럼 제가 보낸 하프타임을 소개하겠습니다.

첫 번째는 '나의 위치를 알아가는 시간'이었습니다. 퇴직 이후 저는 아무 곳에도 소속되어 있지 않았습니다. 제가 할 수 있는 일을 찾아야 했습니다. 조직생활을 뒤로 하고 퇴직을 했음에도 불구하고 다시 익숙한 곳으로 들어가려 했습니다. 공무원 경력 시험에 응시해 여섯 번이나 최종 면접에서 낙방했습니다. 그 후 후배들에게 길을 열어주어야 한다는 것을 알았고, 그 짐을 내려놓았습니다. 제가 하지 말아야 할 것과 해야 하는 것을 알아챈 덕에 '파트타임'의 길을 찾아갈 수 있었고 '포트폴리오 인생'을 살아갈 수 있었습니다. 지금은 제가 좋아하고 잘할 수 있는 일을 찾아서 하고 있습니다. 급여가 적더라도 일과 가정의 균형을 이루면서 제가 쓸 수 있는 시간을 주도적으로 살아가고 있습니다.

두 번째는 '전반전을 정리하는 시간'이 필요합니다. 후반전에 방향을 잡고 뛰기 위해서는 일과 가정, 재정, 건강, 관계, 여가 등 인생의 여러 영역에서 전반전의 정리가 필요합니다. 전반전에 불균형하게 보낸 부분이 있으면 보완이 필요합니다. 일의 영역은 지금 하는 일들을 포트폴리오로 정리를 하고, 가정의 구성원들과 대화하고 그들의 바람을 들어줄 수 있도록 합니다. 재정의 영역은 보험, 연금, 저축, 부동산 등의 자산을 리스트로 만들어서 만기 일자와 혜택 등을 꼼꼼히 체크해야 합니다. 건강은 대사증후군 지수들을 관리하고 관계와 여가 영역에서도 점검을 해야 합니다.

세 번째는 '삶의 방향을 알아가는 과정'이었습니다. 저는 '속도가 아니라 방향이다'라는 말을 좋아합니다. 인생에는 돈을 벌기 위한 일 이외에 다른 영역들도 존재합니다. 전반전에는 어디를 향해 뛰는지도 모르고 갑자기 트랙에 들어와 뛰었습니다. 옆사람에게 지지 않기 위해, 뒤로 처지지 않기 위해 노력했습니다. 전반전을 정리하고 하프타임을 보내면서 후반전 인생은 성공이 아니라 삶의 균형을 이루면서 의미와 보람이 있는 일을 하고자 합니다. 같은 시대를 살아가는 사람들에게 도움을 주는 일을 하고 싶습니다.

네 번째는 '후반전의 전략을 짜는 시간'입니다. 후반전을 준비하기 위해서는 먼저 몸을 풀어야 합니다. 감독과 선수들은 하프타임을 통해 전반전의 경기 내용을 분석하고 진단해서 후반전에 임할 전략을 세웁니다. 예전에는 인생의 사이클이 '더블 30 인생'$^{30년+30년+\alpha}$이었지만 수명이 길어진 지금은 '트리플 30 인생'$^{30년+30년+30년+\alpha}$이 되었습니다. 길어진 인생에 따른 후반전 전략을 더 꼼꼼하게 세워야 합니다.

저는 인생의 사이클을 27+20+13+10+10+α로 세워보았습니다. 27년간 학교생활을 하고, 20년은 첫 번째 풀타임 직장생활을 했습니다. 그리고 13년은 일의 포트폴리오의 영역을 확장하고 파트타임 생활자로 살아가면서 책쓰기와 강의로 직장인들에게 도움을 주면서 살 것입니다. 다음 10년은 생산적인 일의 포트폴리오가 완벽하게 구축될 것이고, 저의 인생사명을 저와 같은 시기를 살아가는 중년^{5060}들에게 적용하며 살아갈 것입니다. 마지막 10년은 사회생활을 잘 마무리하면서 나눔과 봉사를 함께 실천할 수 있을 것입니다. 또한 그 시기에는 노년기를 살아가는 사람들에게 도움을 주며 살아갈 것입니다. α시간에는 생산적인 일은 줄겠지만 사회에 봉사하며 나누는 일은 계속하고 싶습니다.

하프타임은 누구에게나 같은 시기에 주어지고 흘러가는 크로노스

Cronus 시간이 아니라 특별한 의미가 있는 카이로스Kairos 시간입니다. 전반전에 실패했더라도 너무 낙심하고 걱정하지 마십시오. 하프타임을 잘 보내면 찬란한 후반전이 기다리고 있습니다. 야구에서도 9회말 2아웃까지는 역전의 기회가 남아 있지 않습니까? 전반전이 끝났다고 선언을 했다면 빠르게 후반전을 준비하며 작전을 짜는 하프타임을 가지길 바랍니다.

가수 김민기의 노래 '봉우리'의 한 구절이 생각납니다.

사람들은 손을 들어 가리키지
높고 뾰족한 봉우리만을 골라서
내가 전에 올라가 보았던 작은 봉우리 얘기해줄까
봉우리
그래도 그때 난 그보다 더 큰
다른 산이 있다고는 생각지를 않았어
나한테는 그게 전부였거든
혼자였지
난 내가 아는 제일 높은 봉우리를 향해
오르고 있었던 거야

우린 어쩌면 사람들이 가리키는 높은 봉우리만을 향해 오르고 있었는지 모릅니다. 우리가 오르려 했던 봉우리가 그저 넘어가는 고갯마루였을 수도 있고 높은 곳에 봉우리가 없을지도 모르는데도 말입니다.

혹시 그렇게 정신없이 달렸던 전반전만 끝내고 경기를 마무리하려 하십니까? 우리에게는 전반전보다 더 긴 후반전이 남아 있습니다. 인생의 최종 성공과 실패의 판정은 후반전이 끝난 후입니다. 전반전의 실패가 후회되십니까? 인생의 진정한 승부는 지금부터입니다. 후반전을 뛰기 위한 체력을 기르고 이길 수 있는 전략을 짠다면 역전 홈런의 주인공이 될 수 있습니다. 끝날 때까지는 끝난 게 아닙니다.

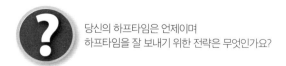

당신의 하프타임은 언제이며
하프타임을 잘 보내기 위한 전략은 무엇인가요?

1. 나는 누구인가?(책을 덮고 혼자 써보는 시간)

2. 꼭 이루고 싶은 나의 꿈이 있는가요?

3. 인생 후반전 설계(5년 후 인생 6대 영역에서)

◇ 주요 참고도서

1. 나는 누구인가?(독자들이 책을 덮고 혼자 써보는 시간)

■ 현재의 나는 누구인가요?(일의 폴트폴리오)

_____

_____

■ 좋아하는 일은 무엇입니까?

_____

_____

■ 내가 잘하는 일은 무엇입니까?

_____

_____

■ 내가 받은 달란트(재능)는 무엇입니까?

_____

_____

■ 왠지 나도 모르게 그 분위기를 만들려고 하는 그 일은 무엇입니까?

_____

_____

■ 가치 있고 의미가 있다고 생각하는 것은 무엇입니까?

_____

_____

■ 즐겁고 재미있는 일은 무엇입니까?

_____

_____

■ 내가 노력해서 성취한 일은 무엇이 있나요?(작은 성공의 경험)

_____

_____

■ 그 일을 할 때 마음이 편하고 행복한 기분이 드는 일은 무엇입니까?

_____

_____

■ 언제나 가슴이 뛰고 설레는 일은 무엇입니까?

_____

_____

2. 꼭 이루고 싶은 나의 꿈이 있는가요?

■ 내 삶에서 꼭 이루고자 하는 목표(꿈)는 무엇인가요?

_____

_____

_____

■ 현재의 당신은 어떤 상황에 놓여 있는가요?

_____

_____

_____

■ 당신의 목표를 이루기 위한 가장 좋은 방법은 무엇인가요?

_____

_____

_____

■ 당장 무엇부터 시작하시겠습니까?

_____

_____

_____

나는 **퇴직**을
미루지
않기로 했다

3. 인생 후반전 설계(5년 후 인생 6대 영역에서)

■ 일

_____

_____

■ 재정

_____

_____

■ 가정

_____

_____

■ 건강

_____

_____

■ 관계

_____

_____

■ 여가

_____

_____

주요 참고도서

1. 코끼리와 벼룩 −찰스 핸디 : 생각의 나무

2. 포트폴리오 인생 −찰스 핸디 : 에이지21

3. 커리어 위너 −오영훈 : 행간

4. 서드에이지, 마흔 이후 30년 −윌리엄 새들러 : 사이

5. 중년 수업 −가외기타 요시노리 : 위즈덤하우스

6. 1루에 발을 붙이고는 2루로 도루할 수 없다 −바크헤지스

7. 직장을 떠날 때 후회하는 24가지 −조관일 : 위즈덤하우스

8. 시간 혁명 −함병우 : 국일미디어

9. 나는 이렇게 될 것이다 −구본형 : 김영사

10. 하프타임 −밥 버포드 : 낮은 울타리

11. 남자가 은퇴할 때 후회하는 스물다섯 가지 −한혜경 : 아템포

12. 1인1기 −김경록 : 더난출판

13. 나에게서 구하라 −구본형 : 김영사

14. 균형 −D퀸 밀즈 : Nemo Books

15. 살아있는 퇴직이야기 −오영훈 : 미래에셋

16. 4050 후기 청년−송은주 : 더난

17. 완벽한 삶의 균형을 찾아라−홀 윌슨 : 아시아코치센터

18. 하나님과 함께 뛰는 나의 후반전−박호근 : 두란노

여기까지 제 글을 읽어주신 독자 여러분께 머리 숙여 진심으로 감사를 드립니다.

글을 쓰면서 마음속으로 몇 가지 다짐한 것이 있습니다. '쉽게 읽을 수 있는 글을 쓰자, 거짓 없는 진솔한 글을 쓰자, 독자에게 재미와 의미를 주는 글을 쓰자'입니다.

이 책을 통해서 저의 전반전 인생과 갑자기 다가온 1차 퇴직 그리고 퇴직 후 삶에 대해서 머리와 가슴에 담아둔 생각과 경험의 보따리를 다 풀어놓았습니다.

지금까지 제 삶의 여정 가운데 가장 큰 변화였던 퇴직을 되돌아보면서 가감 없이 표현하려 노력했지만, 어렵고 힘들었던 경험보다는 성취를 이룬 부분들이 부각되어 퇴직이 미화되지 않았을까 하는 걱정도 됩니다.

저는 이 책을 통해서 퇴직이라는 단어를 한 번이라도 마음에 새기며 힘들게 직장생활을 하고 있는 직장인들에게 이렇게 말하고 싶었습니다.

- 준비되지 않은 막연한 퇴직은 절대 하면 안 됩니다.
- 퇴직하기 최소 5년 전부터 재직 중에 필살기(주무기)를 준비해야 합니다.
- 필살기가 준비되었으면 주도적이고 당당하게 퇴직을 해야 합니다.
- 자발적인 퇴직은 실망과 절망이 아니라 기회와 희망입니다.

● 성공적인 퇴직은 '시간의 주인 되기'와 '일의 포트폴리오' 구축으로 완성
됩니다.

이미 준비가 안 된 퇴직을 하셨습니까?

그럼 인생의 후반전을 준비해야 합니다. 선발투수가 내려오고 구원투
수가 몸을 풀고 있습니다. 당신의 주무기는 무엇입니까? 새로운 도전을 시
작하시기 바랍니다. 인생의 하프타임을 잘 사용하시기 바랍니다.

끝날 때까지 끝난 것이 아닙니다. '야구는 9회말 2아웃부터'라는 말처
럼 역전 홈런의 주인공이 되시기 바랍니다. 인생 후반전을 시작한 모든 분
들을 응원하겠습니다

가수 마야의 '나를 외치다'의 몇 소절을 적으며 이 책을 마무리하고
자 합니다.

"힘을 내야지 절대 쓰러질 순 없어 그런 마음으로 하루를 시작하는데
꿈도 꾸었었지 뜨거웠던 가슴으로 하지만 시간이 나를 버린 걸까
두근거리는 나의 심장은 아직도 이렇게 뛰는데.
절대로 약해지면 안 된다는 말 대신, 뒤쳐지면 안 된다는 말 대신, 오~
지금 이 순간 끝이 아니라, 나의 길을 가고 있다고, 외치면 돼~"

228